いじめられるのは　あなたのせいじゃない

　　あなたはわすれてしまっているかもしれないけど
　　あなたは　ひとりじゃない

　　あなたを大切に思っている人は　たくさんいます
　　あなたの味方はたくさんいます
　　あなたの苦しみを
　　いっしょになって背負おうとしている人はたくさんいます

　　わたしたちも　あなたの味方です

発刊にあたって

　いじめは，どこの学校の誰にも起こりうる問題です。残念ながら，深刻化したいじめが大きな悲劇をもたらす可能性を有していることは否定できません。

　当会では，いじめが深刻化するのを防止するためには，予防の観点からいじめに関する授業を行うことがきわめて重要だと考え，学校からの要望に応じて，『いじめ予防授業』を行ってきました。

　『いじめ予防授業』とは，弁護士が学校に赴き，いじめに対する誤った考え方についてそれが誤りであることを伝え，いじめがなぜいけないのか，いじめをなくすためにできることは何か等について，子どもたちに考えてもらう機会を提供する授業です。子どもたちが，自分たちの問題として自らいじめについて考えることは，いじめの予防に非常に有益であり，仮にいじめが発生した場合でもいじめを早期に収束させる効果が期待できます。

　当会では，より柔軟な小学生のうちに，いじめ予防授業を実施することで，中学生の深刻ないじめを未然に防ぐことができると考え，小学校からの『いじめ予防授業』に力を入れていますが，さらに，2013年から，『全校型いじめ予防授業』を実施しています。この『全校型』の授業とは，毎年，全学年，全クラスで一斉にいじめ予防授業を実施する取り組みです。児童は，毎年，継続的かつ段階的にいじめ予防授業を受けることとなるため，単発のいじめ予防授業よりも高いいじめ予防の効果が期待できます。

　全校型いじめ予防授業に使用する授業案は，当会のいじめ問題に取り組む弁護士が一から考え，教員と協議をしながら作成したものです。授業を実施する度に授業案の検討を重ね，ブラッシュアップをしてきました。

　この度，このような取り組みを紹介したいと考え，本書を発刊する運びとなりました。2013年9月に施行されたいじめ防止対策推進法に「いじめの防止」が明記されたことから，いじめ防止の取り組みである，いじめ予防授業への期待はさらに大きくなっています。いじめ予防授業を実施する教育現場に携わる方々や弁護士に本書を手に取っていただき，ひいては，本書がいじめ防止の一助となることを願ってやみません。

2017年7月吉日

第二東京弁護士会
会　長　伊東　卓
同子どもの権利に関する委員会
委員長　竹田　真
同法教育の普及・推進に関する委員会
委員長　池田　誠

小学生のための 弁護士による いじめ予防授業 目次

発刊にあたって	1
「全校型いじめ予防授業」への取り組み	6
いじめ予防授業の実施にあたって	10
いじめ予防授業／内容一覧　1～6年	14

1年生　ともだちのきもちをかんがえよう … 16
■板書 …… 26

2年生　"サル"とよばないで!! … 28
■板書 …… 38　　■ワークシート …… 39

3年生　みんなちがって当たり前 … 40
■板書 …… 48　　■ワークシート …… 49

4年生　「いっしょに無視しよう」と言われたら？ … 54
■板書 …… 65　　■ワークシート …… 66

5年生　理由があればいじめてもいい？ … 68
■板書 …… 77

6年生　みんなの力でいじめはなくせる！ … 80
■板書 …… 91

いじめ予防のルールづくりについて	95
いじめ予防のルールづくり案	96
「みんなできめた，●年●組のきまりごと」	100
出前授業のご案内	102

- いじめ予防の効果～イングランドとの比較 ... 9
- LINEを悪用したいじめに関する予防授業について ... 50
- LGBTといじめ予防授業 ... 67
- いじめの法的責任について ... 78
- 保護者向けの講演の例 ... 92

付録 DVD ビデオコンテンツ 5年生のいじめ予防授業（45分）

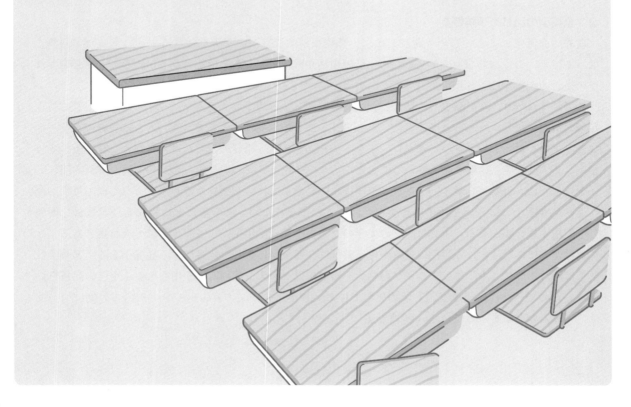

小学生のための
弁護士による いじめ予防授業

― 編著 ―
第二東京弁護士会
子どもの権利に関する委員会
法教育の普及・推進に関する委員会

清水書院

「全校型いじめ予防授業」への取り組み

1　いじめ予防授業

　2011年10月11日，滋賀県大津市で発生したいじめ自殺事件が契機となり，いじめ防止対策推進法が制定されたが，それまでも，いじめが原因となって自殺に至る事件は繰り返し起こっており，自殺に至らない場合であっても，いじめにより心身に大きな被害を受けた子どもたちが多数存在する。
　第二東京弁護士会では，1990年から，子どものための相談窓口である「子どもの悩みごと相談」を開設し，子ども本人や保護者などから相談を受けているが，例年，いじめに関する相談件数が多く，子どもたちの悩みの大きな割合を占めている。
　いじめ被害の相談を受けた弁護士は，被害者側の代理人として，被害の回復やいじめの継続・再発を防止するための活動を行っている。また，いじめの加害者側も問題を抱えている場合が多く，弁護士が加害者側の代理人あるいは少年事件の付添人として活動する場合もある。
　しかし，重篤な被害が発生した後では被害回復は困難であり，自殺に至ってしまった場合は命を回復する方法はない。これまで，重篤な被害の発生を防ぐという観点から，早期発見が重要であるとの提言がなされてきたが，最も望ましいのは，いじめを未然に防ぎ被害を発生させないことである。
　このような発想の転換により，実際の事件に関与する弁護士ならではの予防策として，2003年から，弁護士によるいじめ予防授業の取り組みが始まった。

2　全校型のいじめ予防授業

　現在，弁護士によるいじめ予防授業は，小学校や中学校でかなり実施されるようになったが，多くは，1度だけの単発的な授業であるため，学校現場から，重要なことは繰り返し伝えることが必要ではないかとの指摘がなされた。
　そのような折り，全教職員，生徒及び保護者が参加し全校的な取り組みを行うイギリスのいじめ防止対策の情報に接したためそれを契機に，当会の「子どもの権利に関する委員会」と「法教育の普及・推進に関する委員会」のメンバーがプロジェクトチームを作り，単発の授業だけではなく，日本版「全校型いじめ予防授業」に取り組んでいくこととなった（イギリスでの取り組みについては，9頁参照）。
　全校型では，毎年，全学年，全クラスで一斉にいじめ予防授業を実施する。子どもたちは，毎年，繰り返し，弁護士によるいじめ予防授業を受けることになるため，各学年ごとに異なる授業教材を準備し，実施する必要がある。本書は，その授業のための小学校1年生から6年生までの教材集である。
　教材作成にあたっては，現役の教員から，教材は発達段階に応じた内容にする必要があることや，低学年は相対の関係，中学年はグループの関係，高学年はクラス全体の関係が中心となるなどの助言をいただいたので，発達段階を意識して作成している。各学年の授業内容のポイントやねらい等については，一覧表の形にまとめている（14頁参照）。

1年生から6年生までの授業で共通しているのは，いじめを自分たちの問題として考えてもらいたいという点である。

　また，いじめは，加害者・被害者の他に，観衆（はやしたてる人）や傍観者（見て見ぬふりをする人）を含めた四層構造とも言われており，たとえば，傍観者については，いじめを消極的に認めているという点からは，いじめに加担しているに等しいとの評価がなされる。しかし本書では，そのような非難ではなく，傍観者の態度や行動が変われば，いじめの様相が変わってくるという視点を重視している。

　傍観者が傍観者に留まってしまうのは，いじめは良くないと思っていても，声を上げたら今度は自分がいじめられるのではとないかとのおびえの気持ちが底にあるからという場合も多い。

　いつ被害者側になるかわからないという不安を抱く傍観者が，自分事としていじめに対し否定的な何らかの言動，反応をすることができれば，同様の気持ちでいる他の子どもにも影響を与えることになり，ひいてはクラスの雰囲気を変えることができる。傍観者が減り，いじめに対し否定的な態度をとる子どもが増えれば，いじめを止める子も出やすくなりいじめに対する抑止力が生まれる。

　社会学者でいじめ問題に取り組んでおられる森田洋司氏も，「いじめは，規範や秩序を損ない，何よりも子どもたちの安全や自己実現を脅かす行為である。」として，

　「いじめを『個人化』させず，学校社会にとっての問題として『公共化』させる力を子どもたちにつけ，自分たちの手で課題を解決するよう，主体的に参画させていくことが必要である。欧米では，こうした指導が『シティズンシップ』教育の中で行われている。」と指摘している（中公新書『いじめとは何か』141頁）。

　「全校型いじめ予防授業」により，子どもたちがいじめを自分たち社会の問題として捉え，子どもたち同士の間でいじめを抑止する力や関係が作られる一助になることを願っている。

いじめ予防の効果～イングランドとの比較

　ここでは，日本のこれまでの教育行政と，いじめについて先進的な取組みをしてきたイングランドの状況を比較しながら，いじめ予防の効果について考えてみたいと思います。

　まず，日本では長年，いじめについて「早期発見・早期対応」が強調され，いじめを「予防する」概念はあまり広まっていませんでした。いじめが人間として許されないことの周知徹底を促すなどの通知もありますが，それを具体的にどう教えていけばいいのか，学校現場には戸惑いも見られました。授業を通じていじめの予防を行う，ということが広がってきたのは，比較的最近のことです。それでも，地域によって格差があるようです。

　イングランドでは，各学校でいじめにどう対処するかを定めることが，法律で義務づけられています。ユニークなのはその制定の仕方で，ある学校では，まず教師を中心にその学校の方針が作られ，それをもとに全校生徒が議論に参加するという方法がとられていました。生徒たちは，この議論を通じて，いじめがなぜ許されないか，いかに対処すべきか，等を学ぶ機会を得ます。

　このような，いじめについて学び，考えるというプロセスが，いじめ件数の学年ごとの推移に表れているのではないかと思われます。日本では小学生の間は概ね横ばい（年によっては微増，微減）ですが，中学1年生でピークを迎え，そこからまた減っていくという傾向が長年続いています。一方で，イングランドのエセックス州の統計では，Year4（8～9歳）では複数回いじめられたと回答した生徒が39％であったのに，学年が上がることに減少し，Year12（16～17歳）では6％となっていました❶。いじめ予防教育と直ちに結びつけられるかは，その他の要素の検討が欠かせません。ただ，この傾向に非常に興味を持ち，同州の生徒に，なぜ学年が上がるごとにいじめが減ると思うか，と聞いたことがあります。答えは「どうやって相手を尊重するかを学ぶからです」というものでした。

　いじめ予防教育は，その社会において様々な形を取るべきものでしょうが，予防のための教育を行うという方向性そのものは間違っていないのだと思います。

---

❶ "Research Findings-Perceptions of safety and bullng in Essex" Essex County, 2012

いじめ予防授業の実施にあたって

　弁護士が学校においていじめ予防授業を実施する際の留意事項を，以下にまとめました。なお，各学年の授業で特に注意した方がよい点については，各教材の「進行の手引き」冒頭「授業を進行する際の注意点」にも記載していますので，そちらもご確認ください。

1　教材

　各学年の教材は，「ねらい」，「進行予定」，「進行の手引き」，「授業の進行」で構成されており，最後に，1コマ授業の板書案を紹介しています。ワークシートを用いる学年については，ワークシートも添付されています。

2　事前の打合わせ

（1）打合わせの必要性

　本書で紹介するいじめ予防授業は，具体的な事例を材料にした双方向授業を想定しています。授業の中で実際の事件を紹介することもありますので，授業内容の説明の他，クラスの雰囲気や注意すべき点を確認するためにも，担任の教員と事前に打合わせを行ってください。

　打合わせのポイントを，以下にあげておきます。

（2）授業案の説明

　教員が授業を作り上げるときには，「指導案」を作成するのが一般的です。この指導案に相当するものとして，「進行予定」を作成しましたので，これに基づいて説明するとわかりやすいと思います。なお，各学年の教材は，「ねらい」と「進行予定」の部分をコピーして学校側に渡せるよう，これらを見開き2頁に収めています。

　ワークシートを使用する学年では，ワークシートも確認してもらうのがよいでしょう。

（3）事例内容の確認，修正

　各教材は，いじめを自分のこととして考えてもらえるような事例を設定しましたが，かかる観点から教員と意見交換を行い，必要があれば内容を適宜修正してください。たとえば，過去には，教材に登場する球技を他の球技に変更した方がよいなどの意見が出されたこともありました。

　反対に，授業の内容が実際にクラス内で起こっていること（あるいは，近い過去に起こったこと）と重なり，特定の子を想定させてしまう場合にも，変更を検討する必要があります。

　学校側から，取り上げてほしい題材や視点について要望が示された場合には，教員と相談のうえ，教材の修正や付加を検討してください。過去に要請があったものとしては，ネットいじめや性的少数者（LGBT）などがあります（この2つについては，コラムで取り上げています）。

（4） 事例に登場する名前

　教材の事例に登場する人物と同じ名前の子がクラスにいないか確認し，該当する子がいる場合には，事例の名前を適宜変更してください。

　また，高学年の教材では，A君，Bさんなど，呼称をアルファベットで抽象化していますが，具体的な名称とどちらがよいかについても教員と相談してください。

（5） 実際の事件の紹介

　5年生の教材では，いじめにより自殺に至ってしまった事件を紹介することになっていますが，クラスの中に親族が自殺をした子どもがいる場合などは，自殺事件を取り上げることには注意が必要です。これらの点を教員に確認し，配慮が必要な場合には，自殺事件ではない他の事件への差し替を検討してください。

　また，学校によっては，3年生や4年生の授業でも，いじめ自殺に触れてほしいとの要望がなされる場合もあります。全校型で実施する場合には，5年生の授業へのつながりも含め，教員と打合わせてください。

（6） 指名役

　本書のいじめ予防授業では，子どもたちに意見を聞く場面が多々あります。そのとき，講師役の弁護士が子どもを指名すると，授業の流れが途切れないのでやりやすいという面があります。他方，特定の質問について指名を避けた方がよい子どもがいる場合や，積極的に手が上がらないとき，あるいは，指名や発言方法についてそのクラス独自のルールを決めている場合など，担任が指名した方が円滑に進む場合もあります。

　そこで，子どもの指名を，教員が行うのか講師役の弁護士が行うのかについて，予め打合わせをしてください。

　講師役の弁護士が指名をする場合には，特に指名を避けた方がよい子がいないか確認しておくとともに，座席表（フリガナ付き）の用意をお願いできると助かります。

（7） 板書

　子どもたちから出た意見を板書して可視化することで，共通理解を図ることができます。終了時の板書を見ると授業の流れがわかるのが理想ですので，板書を途中で消さないですむよう，予め板書の構成を考えておくとよいでしょう。なお，小学生の場合，1コマの授業で伝えられるのは黒板1枚に収まる分量とも言われていますので，この観点からも，板書1枚は大切ということになります。各学年の授業案の中に，板書案も紹介していますので，ご参照ください。

　板書役を，教員と弁護士のどちらが担当するかについては，打合わせをしておいてください。子どもの指名役と板書役を分けると，分担による効率化を図ることができます。

（8）ワークシート，アンケート

　　ワークシートを使用する学年の場合，人数分の印刷が必要になりますので，いつまでに原稿を送ればよいか等を確認しておきます。一般的には，メール添付で送っていることが多いと思われます。

　　授業のアンケートにご協力いただけると，授業を振り返ることができ，ブラッシュアップにつながります。アンケートをお願いできる場合の印刷については，ワークシートと同様の確認が必要です。

　　ワークシートやアンケートの返送をお願いする場合には，学校側の負担を少なくするために，返送先（代表者の弁護士あるいは弁護士会の事務局など）を文書で渡しておくとよいでしょう。

（9）パワーポイント，パソコン

　　授業でパワーポイントやパソコンを使用する場合には，パソコンをどちらが準備するかやパソコン環境について，事前に確認しておくことが必要です。学校では，USBの持込禁止などパソコンの使用方法に制限がある場合も多いことから，留意が必要です。

3　講師間の打合わせ

　全校型のいじめ予防授業の場合，各学年及び同一学年の各講師の間でも打合わせをして，全体像を把握しておくことが必要です。

4　授業

（1）わかりやすい言葉

　　授業を受ける学年の子が理解できる言葉を使うことが大切です。難しい法律用語や単語は，やさしい言葉に置き換えてください。

（2）視覚化　イラストの利用

　　子どもたちに事例や場面を理解してもらうためには，視覚化が役に立ちます。特に，低学年の場合，文字や言葉だけの説明で理解を図ることは難しいといえます。

　　そこで，各教材とも，事例の紹介は，登場人物のイラストを黒板に貼って行うことを想定しています。附属のDVDにイラスト集を入れていますので，適宜ご利用ください。

（3）双方向授業

　　「授業の進行」には，講師の発問と，想定される子どもの回答例を載せていますが，実際の回答内容によっては，進行予定どおりにいかないことも考えられます。教材はいくつか考えられるバージョンも付記していますので，参考の上，組み立てを修正してください。

　　なお，子どもの発言を聞く際，講師が発言する子どものそばに立ってやり取りをすると，1対1になってしまうおそれがあります。そのような場合には，対角線に立って話を聞くなどの工夫をすることによって，クラス全体に意見を広げることができます。

（4）　時間管理

　　各教材は，小学校の1コマ授業45分を想定して作成していますが，双方向授業の場合，回答内容や授業の流れによって過不足が生じることもあります。45分間に収まり切らない場合は，次の授業に影響を及ぼさないよう内容を削る必要があります。そのような事態も想定のうえ，予め，テーマごとに優先順位をつけておくとよいでしょう。

　　ワークシートは，一人ひとりが問題に向き合うための有用な作業といえますが，低学年の場合，文字を書くこと自体に時間が取られ，時間配分どおりにいかないこともありますので，この点の留意も必要となります。

以上

いじめ予防授業 内容一覧 1年〜6年

学年	授業のテーマ、ねらい	授業の内容	発達段階の検討、他学年の授業とのつながり
1年生	**ともだちのきもちをかんがえよう** (1) 自分が言った言葉で、相手がどのような気持ちになるかを考える。 (2) 相手の気持ちを考えて行動する習慣を身につける。	①[ふわふわことば] [ちくちくことば] 具体例を通じて、どのようなふわふわことばをかけてあげるか、ちくちくことばをかけられた人はどんな気持ちになるかを考える。 ②何気ない言葉で相手を傷付けることがあることを知る。 「ぶでぶ」「ぼすごいね」という気持ちで全く悪気なく言ったことで相手が傷ついてしまう事例を通じて、嫌なあだ名で呼ばれた側は嫌な気持ちになっていている事例なり、周りの子どもの気持ちを考えたり、呼ばれている子の気持ちをどうすれば問題が解決できるかを考える。	・1〜2年生においては、人間関係について、自分と相手との二者関係を考えることが中心となる。集団を考える側にいっは難しいため、1年生では「自分のかけた言葉で相手がどういう気持ちになるか」「思いやりの心とは何か」ということを中心に考える。 ・1年生は、意地悪な言葉をわざわざ言うというよりも、何気なく言ったことで相手が傷付けてしまうことが見られるため、自分の意向とは違う受け取り方がされてしまうことがあることを知る機会とする。
2年生	**"サル"とよばないで!!** (1) 自分がされて嫌だと思うことは、相手も嫌がるかもしれないと相手の気持ちを考える。 (2) 相手の気持ちを考えて行動する習慣を身につける。	①イヤなあだ名〈サル〉で呼ぶという場面で、いじめとも評価しうる場面で、いじめられる側の気持ちを考えてみる。自分がふざけようとしていなくても、相手を傷つけてしまう場合があることを知ることを主なテーマとする。 ②人の気持ちを考える際に、どんなことに気をつければよいかをクラスで考える。相手の気持ちになって考えることとやり思いやることの大切さを伝える。 *ワークシートを使用	・1年生に引き続き二者関係を中心に、日常生活でありがちな具体的な場面を例に、いじめられる側に立って気持ちを考える。 ・1年生に比べ学校生活を通じて、友だちとケンカする場面等を経験していると考えられることから、「自分がされてイヤだと思うことは、人にもしない。」や相手の気持ちを思いやることの大切さ、人間関係で大事な視点を授業の中に取り込む。 ・2年生では、自分の意見を発表する等、発問やワークシートを用いて一人ひとり考えるための工夫を1年生と比較してより行っていう。
3年生	**みんなちがって当たり前** (1) 多様性（人との違い）を認める。誰であっても得意・不得意、長所・短所があることを認める。 (2) 不得意なことや人と違うことが原因で、仲間外れにされたりいじめられたりした子の気持ちを考える。	①[人権]についての説明。「いじめ」ってどんなこと？の発問 ②不得意なものを理由としたいじめのケース ・A・B・Cの仲良し3人組で、サッカーが上手なAが、下手なBをバカにして、Cに誘いかけ、一緒にBを仲間外れにするという事例。B、Cそれぞれの気持ちを考える。また、Aとの立場になった時、Bに何をしてあげたらよいかを考える。 ・誰にでも得意・不得意があることを説明する。 ③人と違うことを理由としたいじめがあることの説明（社交的、内向的、人との違いを認める。外見、体の大小、性格など）、興味の対象…等、人それぞれ違う。 ④まとめ *ワークシートを使用	・3、4年生では、1対1の関係から、グループ（3人以上）の関係を意識し始める。 ・3年生くらいから、個人の得意・不得意や、人との違いについて意識をし始めることから、それをテーマに取り上げる。 ・個性を尊重して、いろいろな違いを社会で見る思いやることなどを理解する。また、他人の気持ちを思いやることがいじめを防ぐ第一歩であることを知る。

14

学年	テーマ	内容	ねらい・留意点
4年生	【いっしょに無視しよう と言われたら？】	(1) いじめられる側にも問題があるという考えを用いて、「悪いことをしたらいじめてもいいのか」という問題について考える。 (2) いじめを見ている人（傍観者）にできることは何かを考える。	①A・B・Cのグループで、日頃からやや問題行動のあったBがAの本を破ってしまい、怒ったAが「もうBとは遊びたくないから一緒に無視しよう」とCを誘う事例を通して、いじめられる側にも悪いという考えが間違っていることについて考える。 ②Aどこかでをを無視するようになったため、クラスの他の友達もBを仲間外れにするようになり、内心Bがかわいそうだと思っていてもそのDの様子を見ていた、という事例を通して、B（被害者）の立場でどうすることができるか、D（傍観者）の立場では何ができるかについて考える。	・3年生に引き続きグループの人間関係が重要になるため、グループ内のトラブルからいじめに発展する事例を用いて検討する。 ・5年生の授業の準備段階として、いじめられる側・悪いから側のの悪いとう考えが間違っていること、傍観者・被害者の立場から何ができるかを考えさせる。 ・4年生ではわかりやすく事例問題＋ワークシートを使って回答を引き出させる。
5年生	【理由があればいじめてもいい？】	(1) 「悪いことをした人はいじめてもよいのか」という問題について考える。 (2) いじめ自殺等の実際の例を紹介して、いじめは絶対に許されないことを示す。 (3) いじめの当事者は加害者、被害者だけではなく、周囲も当事者であることを示し、周囲の者に何ができるかを考える。	①いじめられる側も悪いと思うかどうか、という問いに対して、それが「悪いことをした人はいじめられてもよいか」という考えにつながっていかないかを仕方がないという意見を募り、いじめ問題につなげてよいかを考える。 ②いじめ自殺等の具体的な例を挙げて、いじめが人権をひどく侵害するものであることを伝える。 ③四層構造をドラえもんの登場人物にたとえ、「しずかちゃん」のいじめをドラえもんの立場で見るか、その人には何ができるかを考える。 *ワークシートを使用	・5年生は、集団全体を考えることができるようになり、いじめを集団全体の問題としてとらえるようになる、集団の中の個人間の悪口や、グループの誹いなどのいじめも多く生じるようになる。統計上も、小学生では5、6年生のいじめの認知件数が最も多く発生するようになる。その根底には、それなりの理由があればいじめをしてもよい、という根深い考えが存在する。この考えを改めることがいじめ等の防止の第一の目的とする。 具体的には、いじめ自殺等の事例等を踏まえにいじめなどのような行動を取れば、いじめが周囲で起こったときにどのような行動を取れば、いじめに加担することがいさいそのでるある、基本的人権を踏みにじることが決して許されるものでないことを深く理解することを目的とする。また、いじめが周囲で起こったことに向けて自分に何ができるか考える機会とする。
6年生	【みんなの力で いじめはなくせる！】	(1) 5年生の授業の振り返りを行い、いじめについて、積極的に発言できる場を作る。 (2) いじめを許さないようにするためには、一人ひとりがどのように考え、行動すればよいかを考える。	①5年生の授業の復習 ・ドラえもんの例え「しずかちゃん」 ・コップの水の例え―いじめの危険性 ②当初暴力を振るったり裏言を吐いたりしてクラスの中で立ち子が、クラスの中で徐々に無視されていくことなどをかけ、いじめの事例を振り上げ、実際にどのような行動をとることができるかを自分のこととして考える。 ③クラス内でいじめが起こったときに、それに同調しない言動をとることによってクラスの雰囲気が変わり、いじめを許さない方向の力が働くことに気付く。 ④「悪いことをした人はいじめられてもよい」という考え方が間違っていることを確認する。	・5年生に引き続き、いじめを集団全体の問題として考える。 ・5年生の授業の振り返りとともに、いじめについていじめられる側の立場が入れ替わるような行動をとる、集団の中でいじめが起こったときに、実際にどのような行動をとることができるかを自分のこととして考える。 ・いじめが守られる社会は自分達が作っていくという意識を持ち、クラスの中で、いじめについて考え、発言できる場をつくることにより、中学校での深刻ないじめを抑止する力をつける。

1年生 ともだちのきもちを かんがえよう

ねらい

> ▶▶ 自分が言った言葉で，相手がどのような気持ちになるかを考える。
> ▶▶ 相手の気持ちを考えて行動する習慣を身につける。

　1年生においては，人間関係について，自分と相手との二者関係を考えることが中心で，集団を考えることはまだ難しいため，「自分のかけた言葉で相手がどういう気持ちになるか。」「思いやりの心とは何か。」ということを中心に考える。

　また，1年生では，意地悪な言葉をわざわざ言うというよりは，何気なく言ったことで相手が傷ついてしまって友達関係がうまくいかなくなってしまうことが見られるため，自分の意向と違う受け取り方をされてしまうことがあることを知る機会とする。

進行予定

予定時間：45分

	目安	学習活動	指導上の留意点
①	導入 5分	自己紹介，「弁護士」についての説明等。 授業のねらいを知る。	・弁護士の仕事内容などについて伝え，授業の導入とする。
②	展開 10分	「ふわふわことば」「ちくちくことば」を知る。 （1）「ふわふわことば」 　① おなかが痛いと言っている子に，どんなことばをかけてあげますか。 　② 一人で淋しそうにしている子に，どんなことばをかけてあげますか。	・スライドか，イラストを黒板にマグネットで貼ることで，事例を説明する。 ・「ふわふわことば」をかけられると，返す言葉も「ふわふわことば」になって，良い雰囲気になっていくことを伝える。
	5分	（2）「ちくちくことば」 　①「～さんとはもう遊ばないよ。」と言われたら，どんな気持ちになりますか。 　②（消しゴム等を忘れたときに） 　　「～さんには貸してあげない！」と言われたら，どんな気持ちになりますか。	・「ちくちくことば」は，言われるとイヤな気持ちになるため，板書も「そんなイヤな気持ちは黒板に書きたくないなあ。書くのはやめるね。」として，イヤな気持ちになることを体現してもよい。
③	10分	（1）考えよう① 　風邪で学校を1週間お休みしてしまった友達に，どんな言葉をかけてあげるかを考える。	・ふわふわことばを自分で考えてみる。 ・ロールプレイで，ふわふわことばにはふわふわことばを返したくなることを感じることをしてもよい。
④	10分	（2）考えよう② 　何気ない言葉で相手が傷付くことがあることを知る。 　「さかなちゃん」というあだ名で呼ばれている子（はなちゃん）が嫌だという気持ちをなかなか言えないでいるが，呼んでいる側（いちろうくん）は「泳ぎがうまいからすごいね。」という思いで悪気なく呼んでしまっている事案。 　① 嫌なあだ名で呼ばれ続けている子はどういう気持ちになっていると思いますか。 　② 嫌なあだ名で呼ばれている子をニコニコにするには，だれに，何を言ってあげるか（いちろうくん，まわりの子，はなちゃん）を考える。	・悪気はなくても，相手が傷付いてしまう場合があることを知識として知る。 ・自分のかけた言葉で，相手がどんな気持ちになっているのかを気にかけるようにできるとよい。
⑤	まとめ 5分	今日の授業のまとめ	・言葉をかける際には，相手の気持ちを考えることが大切であることを伝える。 ・つらいときには気持ちを大人に話すことも必要であることを伝える。

進行の手引き

授業を進行する際の注意点

(1) 学校の先生と弁護士との役割分担

　事前の打合わせの際に，担任の先生と弁護士の役割分担を決めておくと，授業の進行がスムーズになります。

　例えば，板書や児童の指名等について，担任の先生か弁護士のどちらがするのかを決めておくとよいでしょう。

　この授業案は，弁護士がT1，担任の先生がT2という形で進行することが想定されていますが，他にも，①弁護士のみで行う，②担任の先生のみで行う，③担任の先生がT1，弁護士はT2となる等の進行の仕方があり得ると思います。

(2) 弁護士が授業を行う場合に注意すること

　小学校1年生に授業を理解してもらうためには，「できるだけゆっくりと大きな声で話し，難しい言葉を使わない」ということが基本です。

　また，黒板の板書は，ひらがなで書くようにしてください。

(3) 時間配分について

　進行予定における時間配分は，標準的なものとして記載してありますが，授業を実施するクラスの状況に応じて，時間配分を柔軟に考えて頂いて構いません。

　例えば，1年生が入学したばかりの時期であれば，「ふわふわことば」「ちくちくことば」といった相手の気持ちを考え，いろいろな例をあげて考えることに多くの時間を割き，考えよう②（何気ない言葉で相手が傷付くことがあることを知る。）はカットするという授業の構成も考えられます。

　他方，担任の先生によるいじめ予防授業が十分に進められてきている場合には，「ふわふわことば」「ちくちくことば」や考えよう①はおさらい程度とし，考えよう②に時間を割くということにしてもよいでしょう。

(4) 机の並べ方について

　授業実施にあたって，机を教室の後方に下げて，イスのみを教壇の近くに半円形に並べて授業を行うことも効果的だと思います。

　この場合，①低学年の児童たちは，発表するときに声が小さくなってしまう子も多いので，声が聞き取りやすい，②講師の声が届きやすい，③後ろの席の児童たちの集中力が切れるのを防ぐ，等のメリットがあります。

　他方，筆記用具をすぐに使える環境にはならないため，授業の際にアンケートや感想を書いてもらうことはできなくなります。

　必要に応じて，事前打合わせの際に，担任の先生と検討して下さい。

（5）説明資料について

この授業案では，黒板への板書のほかに，場面を絵で説明した資料がありますので，適宜ご活用ください。

板書にはメインとなる場面を貼りますが，その他の場面はＡ３サイズにして，紙芝居のように見せながら説明していくとよいでしょう。

授業の進行

①導入：5分

　　みなさんこんにちは，弁護士の【　名前　】です。弁護士の仕事は，困っていることや悩んでいること，つらいことを聞いて，助けるのが仕事です。
　　子どもたちからも，学校でいじめられている，楽しく過ごせないという相談を受けることもあります。でも，そういうことにならないために，みなさんが普段から気を付けていれば，防げることはたくさんあります。そこで，今日は，みなさんが楽しく学校で過ごしていくためにはどうしたらいいのかを考えるために，このクラスに来ました。

☞最近はテレビドラマ等で弁護士という言葉を聞いたことはある児童も増えてきましたが，１年生の場合，弁護士とはどういう人かという説明に長い時間を割くことはあまり得策ではないように思われますので，例えば上記のようにごく簡単に説明するのがよいと思います。なぜ弁護士が授業をしに来たのかという点もお話しできるとよいでしょう。

児童の理解の度合いに応じて，「人権」という言葉についても簡単に説明してもよいでしょう。説明の仕方は各弁護士によって異なると思いますが，「人権は，おひさまの光を浴びるように当たり前に，一人ひとりが楽しく過ごせること」であり，「いじめられることは，人権が傷つけられることになる。」という説明も考えられるかと思います。

②展開：10分　「ふわふわことば」「ちくちくことば」（「ギザギザことば」）

Q1 講師
今日は「ともだちのきもちをかんがえよう」という授業です。
「ふわふわことば」を知っていますか？
「ふわふわことば」にはどんなものがあるでしょうか？

「ふわふわことば」は相手がうれしい気持ち，楽しい気持ちになることばのこと。

　（板書）　ふわふわことば　⇒うれしい，たのしいきもち

　　　　　　　　　　　　　　　　　　　　　１年生
　　　　　　　　　　　　　　　　　　　ともだちのきもちを
　　　　　　　　　　　　　　　　　　　　かんがえよう

☞学校によって呼び方は様々だと思います。
　すでに児童が日常的に意識できている場合には，復習になります。

A1 児童
・大好き。
・ありがとう。
・かっこいい。
・うれしい。
・一緒に遊ぼう。

Q2 講師
「ふわふわことば」を言われると，どういう気持ちになりますか？

A2 児童
・いい気持ち。
・うれしい気持ち。

☞「ふわふわことばをかけてもらうと，いい気持ちになって，人にもふわふわことばをかけてあげられるようになりますね。」等，ふわふわことばをかけることで，周りがどんどん良い雰囲気になっていくことを伝えるとよいでしょう。
　以下のQ3，Q4では，ふわふわことばを考えた後に，温かい言葉をかけられた側の友達はどんな気持ちになるか，についても児童に考えてもらうとよいでしょう。

Q3 講師
　はなちゃんがお腹が痛いと言っているよ。何か声をかけてあげて。

（板書）　はなちゃんが「おなかがいたいの。」と言っている絵を黒板に貼る。

A3 児童
・だいじょうぶ？
・ほけんしつにいっしょにいこうか？
・せんせいをよんでくるよ。

☞余裕があればこのようなやさしい言葉をかけられたら，どんな気持ちになるかを児童に言ってもらうとよいでしょう。

Q4 講師
　ひとりでさびしそうにしている友達がいるよ。何か声をかけてあげて。

A4 児童
・どうしたの？
・いっしょにあそぼう。
・ないてるの？

（板書）「ふわふわことば」をかけた後に，黒板の絵を，ニコニコ笑顔の表情に変える。

講師 温かい言葉をかけられると，笑顔になるね。

展開：5分　「ちくちくことば」（「ギザギザことば」）

☞「ちくちくことば」は相手が悲しい気持ちになってしまうことば。

以下のQ5，Q6を考えてもらい，自分が嫌だと思うことは人にしないということを理解してもらいます。

Q5 講師
「もうあなたとは遊ばないよ！」と言われたら，どういう気持ちになりますか。

A5 児童
・いやなきもち。
・きずつく。
・かなしいきもち。

Q6 講師
「あなたには貸してあげない！」と言われたら，どういう気持ちになりますか。

A6 児童
・はらがたつ。
・「あなたにもかしてあげない」と思う。

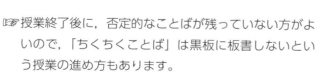

☞授業終了後に，否定的なことばが残っていない方がよいので，「ちくちくことば」は黒板に板書しないという授業の進め方もあります。

その場合には，担任の先生との掛け合いで，「『ちくちくことば』は黒板に書きたくないですよね。」等と話すなど，意図的に黒板に書かないのだということを伝えた方がよいと思います。

③展開：10分　考えよう①（ふわふわことばをかけてあげる。）

Q7 講師
　はなちゃん，風邪をひいてしまって1週間も学校を休んだみたいです。
　元気になったんだけど，みんなが何て言うかなって心配しているみたいです。
　はなちゃんになんて声をかけてあげますか？

（板書）　はなちゃんが「かぜをひいて〜」と言っている絵を黒板に貼る。

A7 児童
・心配しなくていいよ。
・風邪は大丈夫？
・恥ずかしがらないで。
・一緒に学校へ行こう。

（板書）　はなちゃんがニコニコになっている絵に変える。

講師　よかった！　みんなのおかげで，はなちゃんはニコニコになったよ！

④展開：10分　考えよう②（何気ない言葉で相手が傷付くことがあることを知る。）

（板書）　はなちゃんが泣いている絵（「みんながわたしのことを『さかなちゃん』ってよぶの。」と言っている絵）を黒板に貼る。

Q8 講師
　はなちゃんが泣いてるね。
　クラスのみんなから，「さかなちゃん」って呼ばれてイヤみたいだよ。
　イヤだって言えないときもあるよね。みんなも言えないときある？
　　　　　　　　→「イヤだって言えない人」として，挙手してもらってもよい。
　ずっとイヤだって言えないはなちゃんは，今どんな気持ちなのかな？

A8 児童
- 「やめて」って言いたい。
- 悲しい気持ち。
- みんなを嫌いになっちゃう。
- 嫌だって言うと,かえって,ずっと言われるかもしれない。
- どうしてそんな呼び方されるの？

Q9 講師
　いちろうくんは,どうして,はなちゃんのことをさかなちゃんって呼ぶんだろうね。聞いてみようか。

（板書）いちろうくんが「はなちゃんって,およぐのがとってもとくいだから,さかなみたいだよね。」と言っている絵を見せる。

講師
　いちろうくんは「はなちゃんって,泳ぐのがとっても得意だから,さかなみたいだよね。」と言ってるよ。泳ぐのが上手だから,さかなちゃんなんだね。いちろうくん,はなちゃんにいじわるしようとしたのかな？

A9 児童
- 違う！

Q10 講師
　でも,これがずっと続いていったら,はなちゃんはどうなってしまうかな？

A10 児童
- 悲しくなる。
- 学校に来なくなるかもしれない。
- 自分も他の人に,いやなことばを言っちゃう。

Q11 講師
　みんなだったら,はなちゃんをにこにこにするために,いちろうくんに何か言ってあげられますか？

A11 児童
- はなちゃんがいやがっているよ。
- 謝った方がいいよ。

Q12 講師
　さかなちゃんと言っているまわりの子たちには，何か言ってあげられますか？？

（板書）みんなが「さかなちゃん」と呼んでいる絵を貼る。

A12 児童
・さかなちゃんって呼ぶの，やめよう。
・はなちゃんはいやがってるよ。

Q13 講師
　はなちゃんが嫌がってるって気づいたら，はなちゃんには何か言ってあげられますか？

A13 児童
・「ごめんね」って言う。
・「さかなじゃないよ」って言ってあげる。
・「さかなって言って，ごめんね。だから，一緒に遊ぼう」
・「さかなちゃんって言った友達に注意してあげるから，ちゃんと学校に行きな」

（板書）　黒板の絵を，みんながニコニコの絵に変える。

講師
　みんなのおかげで，はなちゃんはにこにこになったね。あーよかった！
　みんながはなちゃんやいちろうくんのために，いろいろと考えてくれたおかげで，はなちゃんもいちろうくんもにこにこ笑っていい気持ちになれたね。

⑤まとめ：5分

　自分が友達にかけた言葉は，その友達をいい気持ちにも悪い気持ちにもさせてしまうので，いつも相手の気持ちを考えて，言葉をかけることが大切だということを話して，まとめてください。

　また，「困ったことやつらいことがあったときは，先生やおうちの人に相談してください。」ということも伝えてください。

参考

　小学校1年生は，授業を実施する時期が学年の初めか終わりか，普段から自分の気持ちを言葉で話す習慣があるかどうか等の事情によって，自分の気持ちを説明することが十分にできる場合とそうでない場合の差が大きいという特徴があります。

　たとえば，「今，どんな気持ち？」と問いかけたときに，「悲しい気持ち。」という言葉が出てくるだけで掘り下げられないということもよくあります。

　学校の先生方の授業の進め方を拝見していると，児童の発言の引き出し方としては，同じ意見が出ることを恐れずにどんどん児童に発言させて，その発言をほめていくと，少しずつ自分なりの言葉で説明する児童が出てくる，といった印象を受けました。

　弁護士主導で授業を行う場合，弁護士は学校の授業のプロではありませんから学校の先生方のようにいかないのはやむを得ないですが，例えば，学校の先生方との事前打合わせの際に，それまでの授業（道徳や国語など）での発言の様子を聞いておいたり，当日少し前に学校に到着するようにして，自分が担当するより前の時間の授業の様子を見てみるだけでも，心構えができると思います。

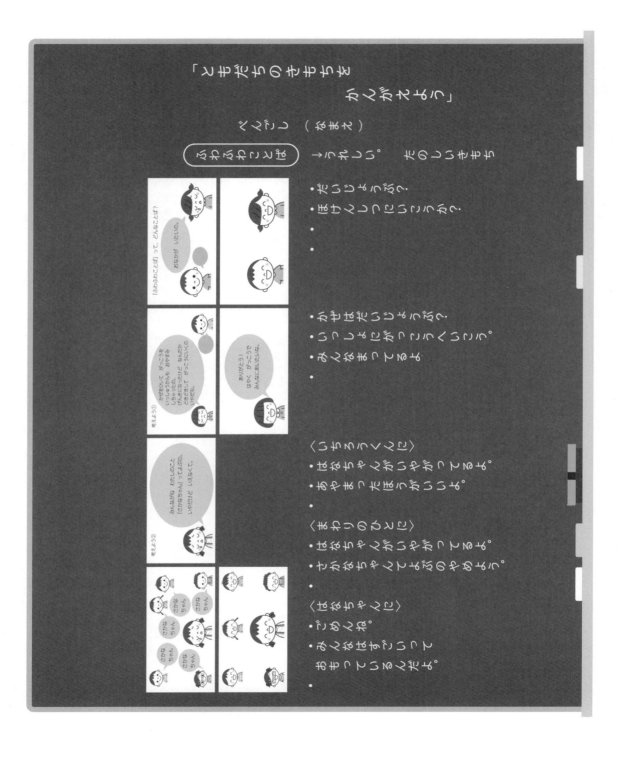

2年生 "サル"とよばないで!!

ねらい

「自分がされてイヤだと思うことは，ともだちにもしない。」

▶自分がされて嫌だと思うことは，相手も嫌がるかもしれないと相手の気持ちを考える。
▶相手の気持ちを考えて行動する習慣を身に付ける。

　1年生に引き続き二者関係を考えることを中心に，日常生活でありがちな具体的な場面を想定して，いじめられる側に立って気持ちを考える。1年生に比べ学校生活を通じて，友人とケンカする場面等を経験していると考えられることから，「自分がされてイヤだと思うことは，人にもしない。」や相手の気持ちを思いやることの大切さ等，人間関係で大事な視点を学ぶ機会とする。
　2年生では，自分の意見を発表する等，発問やワークシートを用いて一人ひとり考えるための工夫を行う。

進行予定

予定時間：45分

	目安	学習活動	指導上の留意点
①	導入5分	自己紹介「弁護士」についての説明等。授業のねらいを知る。	・弁護士の自己紹介としては，弁護士の仕事の内容に触れながら授業のテーマに関連させると児童の理解にも繋がってよい。 ・場合によっては，適宜，弁護士がいじめ予防授業を行う理由，思いなども簡単に説明することも考えられる。

②	展開 25分	（1）「自分がされてイヤだと思うことは，ともだちにもしない。」という目標を学ぶ。 　ア　基本事例 　　① アキラくんはどんな気持ちだったでしょうか。 　　② 『サル』って呼ばれたら，ノボルくんはどんな気持ちがするでしょうか。	・イヤなあだ名で呼ぶという事例を基に板書，ロールプレイ等を用いながら，いじめられる側の気持ちについて，どのような気持ちになるかを質問し，できるだけ発言させて考えさせる。 ・イラストを黒板にマグネットで貼りながら，基本事例を説明する。
		イ　追加事例① 　　③ ノボルくんは，『やめて』と言ったとき，どんな気持ちで『やめて』と言ったのでしょうか。 　　④ 『やめて』と声に出して言えない人は，どうして，『やめて』と言うことができないと思いますか。	・いじめられる側がイヤだと意思表示をした場面を想定し，いじめられる側の気持ちをさらに考える。 ・『やめて』と伝えられる人と上手く言葉にして意思表示をすることが苦手な人がいることを確認する。
		ウ　追加事例② 　　⑤ ノボルくんが突然泣き出してしまったのはどうしてでしょうか。泣いているノボルくんはどんな気持ちだったのでしょうか。 　　⑥ みなさんがアキラくんなら泣いているノボルくんにどうしてあげられるでしょうか。 　　※ワークシート配布・記入	・イヤなあだ名でからかい続けられたため，いじめられる側が泣き出してしまったという場面を想定し，さらにいじめられる側の気持ちを考えさせる。 ・いじめる側の児童としてどう言葉をかけてあげられるのか，何をしてあげられるのかということを考える。 ・質問⑥はワークシートを使用し，自分の言葉で考え，表現をすることを通じて自覚的に人の気持ちを考えることを学ぶ。
③	10分	（2）人が『イヤだ』っていうことは言葉だけではないことに気付く。 　　⑦ もし友達から『サル』のようなあだ名をつけられたらみなさんなら，どうしますか。 　　⑧ 人の『イヤだ』っていう気持ちに気付けないとどうなると思いますか。	・人の気持ちを考える際に，どんなことに気をつければよいかをクラスで考える。 ・言葉や態度だけでは限界があることから，相手の気持ちを思いやることの大切さを伝える。 ・適宜講師から相手の気持ちを考えることの大切さがわかるエピソード・実体験（加害者や傍観者の視点の体験）等を紹介する。
④	まとめ 5分	今日の授業のまとめ	・適宜クラスで出た意見を踏まえて，悪気はなくても，相手が傷付いてしまう場合があることを伝え，いじめられる側の気持ちになって考えてみることの大切さを確認する。 ・自分のかけた言葉で，相手がどんな気持ちになっているのかを気に掛けるようにできるとよい。 ・授業の時間が余った場合には，いじめに関する実態例（弁護士が知っている事例）を適宜，紹介するとよい。

進行の手引き

授業を進行する際の注意点

（1）学校の先生と弁護士との役割分担

　事前の打合わせの際に，担任の先生と弁護士の役割分担を決めておくと，授業の進行がスムーズになります。

　板書や児童の指名等について，担任の先生か弁護士のどちらがするのかを決めておくとよいでしょう。例えば，基本的な進行・発問・まとめはT1が担当し，児童の指名・板書作成はT2が担当する等が考えられます。

　なお，この授業案は，弁護士がT1，担任の先生がT2という形で進行することを想定していますが，他にも，①弁護士のみで行う，②担任の先生のみで行う，③担任の先生がT1，弁護士はT2となる等の進行の仕方があり得ると思います。

（2）ロールプレイの実施の有無

　事例を説明する際に弁護士と担任の先生が協力をしてロールプレイ型で実施するという方法が考えられます。口頭での事例の説明のみでは児童が十分に理解をせず，事例が頭に入りにくいという可能性もあるため，事例の説明には工夫が必要です。

　ロールプレイの実施は，担当の先生の協力が必要ですので，事例の説明の仕方について，ロールプレイを実施した方がよいか，実施する場合にはどのようにして役割分担をするのかを相談の上，担任の先生の意見も踏まえて決定するのが望ましいです。

　実施の参考例として，授業案にあります《ロールプレイ・シナリオ》をご参照ください。

　なお，場合によっては，児童に実際にロールプレイを実演してもらう場合も考えられますが，クラスの雰囲気等があるため，事前に担任の先生への相談が望ましいです。

（3）弁護士が授業を行う場合に注意すること

　小学校2年生の児童に授業を理解してもらうためには，「できるだけゆっくりと大きな声で話し，難しい言葉を使わない」ということが基本です。

　また，黒板の板書は，ひらがなで書くようにしてください。

（4）時間配分について

　進行予定における時間配分は，標準的なものとして記載してありますが，授業を実施するクラスの状況に応じて，時間配分を柔軟に考えて頂いて構いません。

　例えば，授業テーマ（1）「自分がされてイヤだと思うことは，ともだちにもしない。」というメインテーマを重点的に行い，基本事例の説明を丁寧に行う，発問を丁寧に多くする，ワークシートの時間を長めに取る等，授業を実施するクラスの学習状況，雰囲気等にあわせて時間配分を担当の先生と相談して決めるのが望ましいです。

　授業テーマ（1）に多くの時間を割いた場合，（2）などは講師が口頭で説明をして発問を省略するなどの授業の構成も考えられます。

授業の進行

①導入：5分

　みなさんこんにちは，弁護士の【　名前　】です。弁護士の仕事は，困っていることや悩んでいること，つらいことを聞いて，助けるのが仕事です。
　今日はみなさんと同じくらいの年齢の子が困っていることについてお話をしたいと思います。みんなでその子の困っていることについて一緒に考えて欲しいと思います。何か思ったこと，考えたことがあるときは手を挙げて，当たった人からお話ししてくださいね。

☞ １年生の場合と同様，２年生でも弁護士とはどういう職業かという説明に長い時間を割くことはあまり得策ではないように思います。そのため弁護士としての仕事とも多少関連させて事例の紹介に移ると導入として説明しやすいと思います。

☞ なお，「人権」という言葉を用いるかどうかについては，児童の理解の度合いに応じて適宜，触れるかどうかを考えます。説明の仕方は各弁護士によって異なると思いますが，「人権は，おひさまの光を浴びるように当たり前に，一人ひとりが楽しく過ごせること」であり，「いじめられることは，人権が傷付けられることになる。」という説明も考えられるかと思います。

②展開：25分　授業テーマ（1）「自分がされてイヤだと思うことは，ともだちにもしない。」

講師
　では，これから先生と２人で，みなさんと同じ小学生になったつもりでお話をしたいと思います。（ロールプレイを実施して）これからするお話について，みなさんに考えてもらいたいと思います。

＜基本事例＞（あだ名をいじることでいじめに繋がるケース）
　あるクラスに，木登りが得意なノボルくんという子がいました。学校でもみんなと一緒に木登りをして遊んでいると，ノボルくんはいつも一番乗りで木のてっぺんまで登ってしまいます。
　ある日，ノボルくんの友達のアキラくんは何となく木を登るノボルくんの姿を見て，「おいっ，サル！」「まるでサルみたいだ。サル！」と面白がって呼びました。それを聞いていたクラスのみんなも「サルみたい。」と言って笑って見ていました。
　それから，周りの友達は，ノボルくんがサルと言われているのを面白いと思い，みんなで「おい，サル！エンピツ貸してくれよ！」などと，ノボルくんのことをいつもサルと呼ぶようになりました。

ロールプレイの実施
<ロールプレイの説明>
　基本事例について，以下のシナリオに従い，担任の先生が担当の弁護士をサルと呼んでからかうところを実演します。その際にイラストを黒板にマグネットで貼りながら説明すると分かりやすいと思います。ロールプレイ実施後，簡単に弁護士から<板書例>を用いて事例を復習するとよいでしょう。ロールプレイは担任の先生と相談の上，児童同士でロールプレイを実演して感想を発表するという流れも考えられます。
　　　T1（弁護士）＝ノボルくん役（いじめられる側）
　　　T2（担任の先生）＝アキラくん役（いじめる側）

《ロールプレイ・シナリオ》
ノボル：『ぼくは木登りがとっても得意なんだ！　高いところに登るといろんな物が
　　　　見えて楽しいんだよ。今日ものぼっちゃおー。』
アキラ：『あー，あいつ，まるでサルみたいだ。おーい，サル，サル！』
　　（ノボルくんの姿をみて面白がる）
ノボル：『えー，なんだよ～～～。』
　　（困った表情をする）
アキラ：『みんな見た？　こいつ，ほんとサルみたいだよ。』
　　　　『おい，サル。やっぱり好きな食べ物はバナナかな？』
　　（一例。適当にクラスに向かってしゃべりかけながらノボルくんをからかう）
ノボル：『・・・。』
　　（悲しい表情をする）
<授業の前の様子>
アキラ：『ねぇねぇ，おれ鉛筆忘れちゃった。「**サル**」，鉛筆貸して！』
ノボル：『う，うん。わかったよー。』

Q1 講師
　まず，アキラくんの気持ちを考えてみましょう。ノボルくんのことを『サル』と呼ぶアキラくんはどんな気持ちだったでしょうか。

☞する方の気持ち（いじめる側の気持ち）を質問するものです。場合によっては，アキラくん役の担任の先生に気持ちを答えていただくことでもよいと思います。

A1 児童
・サルというのは悪気があったわけではない。
・ただ，見ていてサルに似ていると思った。
・サルと言うのが面白かった。

Q2 講師
　次は，ノボルくんの気持ちを考えてみましょう。アキラくんやクラスのみんなから『サル』って呼ばれたら，ノボルくんはどんな気持ちになるでしょうか。

☞意見があまり出ない場合の誘導
　「毎日学校に来てもノボルくんはイヤだと思うあだ名でしか名前を呼んでもらえま

せん。（自分の本当の名前を誰からも呼んでもらえない）ノボルくんの気持ちは嬉しい気持ちでしょうか，悲しい気持ちでしょうか，それはなぜだと思いますか。」などと，段階を踏んで問いかけ直してもよいでしょう。

A2 児童
・サルって呼ばれてイヤな気持ち。サルじゃないのに。
・サルって呼ばれるの，悲しい。
・サルって呼ばれたくないな。
・本当は自分の名前があるのに呼んでもらえないからイヤ。

＜追加事例①＞
ノボルくんは，あるときそのあだ名はすごくイヤだと思っていて，「サルなんてイヤだよ。サルと呼ぶのはやめてよ。」とアキラくんに言いましたが，アキラくんは「面白いじゃん。」と言ってやめてくれませんでした。

《ロールプレイ・シナリオ》
〈ある日の朝の出来事〉
ノボル：『アキラくん，おはよう。』
アキラ：『おう，「**サル**」。おはよー！』
ノボル：『ねぇ，「**サル**」なんてイヤだよ。もう「**サル**」って呼ぶのはやめてよ。』
アキラ：『え，なんで？面白いじゃん。』
ノボル：『・・・。』
　　　　（悲しい表情をする）

Q3 講師
ノボルくんは，アキラくんに『やめて』と言ったとき，どんな気持ちで『やめて』と言ったのでしょうか。

A3 児童
・自分の名前じゃないからもう呼ぶのをやめて欲しい。
・ずっとアキラくんが呼ぶとみんなもそんな風に呼ぶからやめて欲しい。
・これで自分の気持ちは伝わるかな。
・これでも伝わらなかったらどうしよう。

Q4 講師
今は，ノボルくんはアキラくんに口に出して『やめて』と言えました。
でも，『やめて』と声に出して言えない人もいます。そういう人は，どうして，『やめて』と言うことができないと思いますか。

※省略可（ここで触れない場合は授業テーマ（2）で触れてください。）

A4 児童
- やめてくれないかもしれない。
- 友だちではなくなるかもしれないから怖い。
- 心細くなって言えなくなった。
- アキラくんに言っても，同じクラスの子がまた言うかもしれない。

　発言があまりなかったり，方向性が違った場合は，以下のとおり説明を加えるとよいと思います。
　☞「自分がイヤだということを友達に伝えることは実はとても勇気がいることですね。イヤだって言ったら嫌われちゃうかもしれない，友達ではなくなってしまうかもしれない，怒って叩いたりされるかもしれない。そんな風に心配になって，イヤだと思っていても我慢して言えない人もいます。」

＜追加事例②＞
　ある日，ノボルくんとアキラくんがサッカーをすることになり，アキラくんが「おい，サル！　一緒にサッカーしようぜ！」と言って誘ったところ，ノボルくんは，突然泣き出してしまいました。

☞黒板に貼ったイラストをノボルくんが泣いた顔のイラストに差し替えるとよいでしょう。

《ロールプレイ・シナリオ》
アキラ：『おい，「**サル**」！　今日は天気いいから，外でサッカーして遊ぼうぜ。』
ノボル：『・・・。』
アキラ：『なー！「**サル**」！　聞こえんてんのか。サッカーしようぜ。』
ノボル：『・・・。』
アキラ：『「**サル**」「**サル**」「**サル**」「**サル**」，サッカーしようよー。』
ノボル：（突然，泣き出す）

Q5 講師
　ノボルくんが突然泣き出してしまったのはどうしてでしょうか。泣いているノボルくんはどんな気持ちだったのでしょうか。

A5 児童
- 「サル」って呼ばれたから。
- 「サル」って呼ばれるのがイヤだったから。
- ずっと我慢して，また呼ばれたから。

Q6 講師
　みなさんがアキラくんなら泣いているノボルくんにどうしてあげられるでしょうか？

A6 児童
・「ごめんね。」って謝る。
・もう「サル」って呼ばないと言う。
・謝って一緒に遊ぼうと言う。

☞Q6は，ワークシートに記入する時間を設けます（ワークシートの記入時間は3分程度が目安です）。クラスのみんなで考えるため周りの友達と相談する等の工夫もよいでしょう。記入後は，可能な限り手を挙げて発表してもらうようにします。

☞ワークシートは児童全員が書き終わるまで待つのか，書き終わった児童から発表をしてもらうようにするのかは担任の先生と事前に打合わせておくと，進行がスムーズだと思います。

講師
　ここで，いったんみなさんの意見をまとめたいと思います。
　→簡単に意見を板書しておくとよいかもしれません。

☞アキラくん（クラスの同級生を含む）は楽しいかもしれないですが，ノボルくんはイヤだと思っていたという点を確認します。盛り上がることや楽しいことであっても，される側（いじめられる側）がイヤだと感じることもあるという点をメッセージとして伝えます。

③展開：10分　授業テーマ（2）『イヤだ』ということは言葉だけではないことに気付く。

講師
　では次に友達の気持ちを考える時に，どんなことに気をつければよいかをみなさんで考えてみましょう。

Q7 講師
　さっきのノボルくんのように，もしみなさんが，友達から『サル』のようなあだ名をつけられたら（イヤなことをされたら），みなさんならどうしますか？

A7 児童
・言葉でいう。
　「イヤだ」，「やめて」，「そんなこと言わないで」

☞ここでは，言葉以外にはどうするかという点も考えるとよいでしょう。言葉に出せる

子ばかりではないので，言葉に出せない子もいることを指摘します。ここで追加事例①Q4に触れるのもよいと思います。

Q8 講師
友達の『イヤだ』という気持ちに気付けないと（友達の気持ちを考えてあげないと）どうなると思いますか。

A8 児童
・ケンカしてしまう。
・話しをしなくなる。

☞実はこの問いは少し難しい場合があると思います。どうして人の気持ちを考えてあげなくてはいけないのかということを適宜具体例を出して説明する必要があるかもしれません。
　この部分の話がこの質問を真剣に考える動機づけになると思います。必要に応じて，人の気持ちを考えることの大切さがわかるエピソードを，講師の実体験（加害者や傍観者の視点の体験）などから具体的に話すとよいでしょう。

例1）　他の友達と一緒になって親友の悪口を話していたら，その話をたまたま聞いていた親友を傷付けてしまった。その親友とは話さなくなった。
例2）　いつもからかって遊んでいた子が，いつものとおりからかうと突然泣き出した。遊んでいたつもりが実はいつの間にかいじめっこになっていた。

講師
自分が楽しいと，つい友達の気持ちを大事に思わなくなってしまうことがあります。『イヤだ』ということを，言葉で伝えるのも大変なことなので，友達の気持ちをまず，考えてみるようにしましょう。
　でも，言葉以外にも友達がイヤがっているかを知る方法はあります。言葉や態度だけではわからないこともありますから，友達の気持ちを思いやることが大切なことです。

まとめ：5分

講師
する方（いじめる側）の気持ちには悪気がない，遊びのつもりや，楽しいからついやってしまうという気持ちがあります。でも，される方（いじめられる側）の気持ちとしては，我慢したり，「イヤだ」と感じたりすることがあります。される方の気持ち（相手の気持ち）を考えてみることが大事になります。「自分がされたらどう感じるか，どう思うか」という風に考えてみてください。「自分がされてイヤだと思うことは，人にもしない。」ということを心がけるようにしましょう。

☞ 自分たちにイヤなことがあったときにどう対処するべきかという観点から，「周りの大人に話す」という方法があることもまとめの中では伝えておきましょう。もっとも，家庭・家族の話をする際は担任の先生に確認をするようにしましょう。

「周りの大人」の例としては，「お家の人」と表現するのが適切です。「お父さん」や「お母さん」という例は両親がいない家庭もあるので，あまり使用するべきではなく，もし例を出すのであれば，おじいちゃんやおばあちゃんまで含めて「お家の人」などと説明するのが適切でしょう。

☞ 最後に，時間が余った場合にはいじめに関する実態例，弁護士が知っている事例，実際にあった事例などを簡単に紹介してもよいでしょう。2年生では，授業案で「いじめ」という言葉はあえて使っていないことや自殺といった事例まではなかなかイメージが持てないということがあり得ます。そこで，「イヤなことがあって学校に行きたくても行けなくなってしまう子が1年生からでもいること（不登校の事例）」や「今日の話を踏まえて，人の嫌がることをすることはいずれいじめにつながってしまうかもしれないこと」くらいに話をまとめる工夫をするとよいと思います。

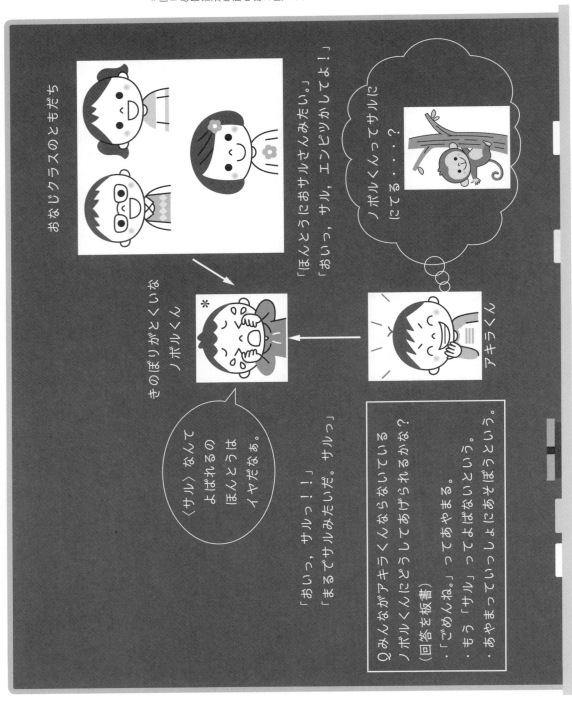

いじめ予防授業
【2年生ワークシート】

みんながアキラくんなら
ないているノボルくんにどうしてあげられるかな？
ふきだしにアキラくんがしてあげられることをかいてみよう！

2ねん（　）くみ　　なまえ（　　　　　　　　　　）

2年生 "サル"とよばないで!!

3年生 みんなちがって当たり前

ねらい

▶▶多様性（人との違い）を認める。
　→誰でも得意・不得意，長所・短所があることを認める。
▶▶不得意なことや人と違うことが原因で，仲間外れにされたり，いじめられた子の気持ちを考える。

　3年生になると，これまでの1対1の二者間の人間関係から発展し，三者間というグループでの人間関係を意識するようになってくる。また，自分と相手を比べて，自分ができること・できないことを気にしたり，人との違いを認識したり，また，相手ができないことをからかったり等という傾向が出てきやすいことから，ABC3人の仲良しグループの事例を使って，「人との違いを認める」「不得意なことや，人と違うことを理由にいじめたりしない」ということを理解する。

　仲間外れにされた子の気持ちや，グループ内で1人を仲間外れにすることを誘われた場合にどうするかについて，ワークシートを利用して，生徒それぞれの考えをまとめて発表させ，あらゆる立場に立って，それぞれの気持ちや取るべき行動について考えを深める機会とする。

進行予定

予定時間：45分

	目安	学習活動	指導上の留意点
①	導入 5分	自己紹介 「弁護士」の役割について説明 「人権」の説明	・弁護士の役割や仕事内容について紹介し，「人権」「幸せに生きる権利」についての説明を行う。
②	展開1 10分	事例への導入。以下について，児童に質問や，説明を行う。 （1）いじめってどんなこと？ （2）いじめ予防授業の意義 （3）いじめはどうして起こるのか？	（1）児童にいじめの例を挙げてもらい，板書する。 （2）いじめとは，他人の「幸せに生きる権利」を傷付けるものである。この授業で，どうしたら予防できるかを一緒に考えたいことを説明。 （3）いじめはどうして起こるのかを問題提起。
③	展開2 20〜25分	以下の事例を使って，どういう場合にいじめが起こるか，どうしたらいじめを防ぐことができるかについて考える。 （1）不得意なものを理由にしたいじめ【事例1】 →A・B・Cの仲良し3人組。サッカーの下手なBを，Aがバカにして，CをさそってBを仲間外れにしたり，Bの悪口を言う。 ①B君は何か悪いことをしたのでしょうか？ ②仲間外れにされたB君はどんな気持ちになるでしょうか？ ※ワークシート配布・記入 ③A君からB君を仲間外れにしようと誘われたC君は，どんな気持ちになるでしょうか？ ④あなたがA君やC君だったら，B君にどんな言葉をかけたり，何をしてあげたらいいでしょう？ （2）人と違うことを理由にしたいじめ【事例2】	（1）事例1について ・ABCの顔のイラストを黒板に貼って事例説明。 ・仲間外れにされたBの気持ちを考え，ワークシートを使って，Cの気持ち，AとCがどうすればよいかを考え，記入・発表してもらう。 ○誰にでも得意・不得意なことがあることを理解する。 ○不得意なことを理由に仲間外れにされた友達の気持ちを考え，どう行動すべきかについて考える。 （2）事例2について ・人と違うこと（外見，性格，持ち物，言葉など）を理由としていじめられる具体例を紹介。 ○2つの事例とも，本人の意思ではどうしようもできないことを理解し，それを理由としたいじめは許されないことを確認する。
④	まとめ 5〜10分	今日の授業のまとめ	・人それぞれ得意なこと・不得意なことがある。 ・人と違ってもいい。違う人も受け入れる。 ・些細な悪口やからかいでも，人は傷付き苦しむ。→それはいじめである。 ・他人を認める。他人の気持ちを自分に置きかえて考える。

3年生 みんなちがって当たり前

進行の手引き

授業を進行する際の注意点

（1）板書・児童の指名について

　板書や児童の指名については，担任の先生か弁護士のいずれが行うのか，事前に確認しておく必要があります（授業時間の効率的な活用，クラスの特性に配慮し，どちらが指名・板書を行うのが効果的かの確認）。

（2）ワークシートの使用について

　ワークシートを使用し，児童が考えを紙にまとめる時間を取るか，紙には記入せず，単に挙手して意見を述べるだけにするか，事前に相談します（＊普段からあまり積極的に意見を述べないクラスであれば，ワークシートを取り入れた方が意見が出やすいと言えます）。

（3）事例について

　サッカーの事例が適切か，事前に学校と相談します。

（4）多様性について

　人と違うことを理由にいじめられる例について，体格，国籍などを説明に使ってよいか，クラスに，それらを理由に実際にいじめられている子がいないかなどを事前に学校に確認します。

授業の進行

①導入：5分

みなさんこんにちは，弁護士の【　名前　】です。

Q1 講師
　弁護士という仕事を知っていますか？　また，弁護士の仕事がどういうものか，知っている人はいますか？

A1 児童
知っている！（という答えが多く出る）
裁判をする人。

☞困った人の相談に乗る，ということもできます。
　何か問題が起こったとき（例えば，お金や物を貸したのに返してくれない，警察に逮捕された，など分かりやすい例を挙げる）に，その問題を解決するお手伝いをする

などと説明します。
　　　問題が起こる前に，それを「防ぐ」のも仕事です。
(板書) 防ぐ＝予防

Q2 講師
「人権」ということばを聞いたことがある人？　どういう意味でしょうか？

(板書) 人権（人の権利）
☞人権の説明＝「○○できること」「○○する自由があること」と説明。弁護士の役割　として，人権を守るのも大きな仕事であることを説明します。
(具体例) 好きな場所に住むこと，好きな仕事をすること，などをあげます。

Q3 講師
「人権」の中で，特に大切な権利は何でしょうか？

A3 児童
「生きる」権利　（という意見が出ることもある）

(板書) 「幸せに生きる権利」
☞特に大切なのが「幸せに生きる権利」＝誰もが持っている大切な権利と強調します。

②展開1：10分　いじめ・いじめ予防授業について，いじめはどんなこと

Q4 講師
これから「いじめ」について考える授業をしていきます。
ではみなさんの考える「いじめ」ってどんなことがありますか。

A4 児童
「なぐる，ける」「大勢で1人を仲間外れにする」
「無視する」「からかう」「物をかくす」　など。

(板書) なぐる，ける，仲間外れにする，無視する，からかう，物をかくす，など
☞どれも，「いじめ」であることを確認します。

Q5 講師
では，「いじめ」が起きると，いじめられている人はどんな気持ちになると思いますか？

3年生 みんなちがって当たり前

A5 児童
「悲しい」「辛い」「悔しい」「痛い」など。

講師
　幸せではない感情ですね。いじめが起こると，みんなが持っている大切な「幸せに生きる権利」が傷付けられるのです。

☞弁護士として，いじめが起こってからの相談をたくさん受けることを説明します。
　いじめられた側の相談もあるが，いじめた側からの相談も受ける。みんな，とても困っていて，大きな問題になっていることも話します。

講師
　いじめが起こる前に，それを予防する。それも私たち弁護士の役目であると考えています。いじめる方もいじめられる方も傷付く。それを防ぎたい。みんなの心のあり方や考え方で変わります。
　今日の授業で一緒に考えていきましょう。

③展開2：25分　いじめはなぜ起こるのか

Q6 講師
どういうことがきっかけで，いじめは起こるのでしょう？
具体例を使って考えてみましょう。

☞黒板に，Ａ・Ｂ・Ｃ3人の顔のイラストを貼って，事例を説明します。

【事例1】自分が不得意なものが原因で，いじめ（仲間外れ）になるケース
　A君，B君，C君はクラスが一緒で，仲良しの3人組。放課後もいつも一緒に遊んでいました。
　ある日，3人でサッカーをしようということになりましたが，B君は，ボールを使って遊ぶのが苦手で，上手にできませんでした。A君は，サッカーが下手なB君に対して，『お前下手だな〜』『もうサッカーに入れてやらない！』と言いました。それからは，B君をバカにしたり，C君に，『B君を仲間外れにしよう』と言って，C君と2人でB君を仲間外れにするようになりました。

Q7 講師
この事例で，B君は何か悪いことをしたのでしょうか？

A7 児童
何も悪いことをしていない！
（ほとんどの児童が答える）

Q8 講師
仲間外れにされたB君はどんな気持ちになるでしょうか？

A8 児童
「悲しい」「辛い」
「寂しい」「悔しい」
（サッカーが下手なのは自分のせいじゃないのに）など。

☞ 何も悪いことをしていないのに，突然，仲間外れにされたB君は辛いですよね，と児童と価値を共有します。これは，B君への「いじめ」であることを確認します。

ワークシート配布・①記入

Q9 講師
　A君からB君を仲間外れにしようと誘われたC君は，どんな気持ちになるでしょうか？

A9 児童
「困ったな」「A君は意地悪だな」
「仲良くすればいいのに」「みんなで遊びたいな」
「僕がB君にサッカーを教えてあげようかな」
　…などの回答。

☞ C君は，A君とB君との間に挟まれて困りますね。A君ともB君とも仲良く遊びたいのに，遊べなくなって，C君も辛いですねと確認します。

【事例1の場面が変わって】（補足説明のみ）
　あるとき，3人で一緒に勉強しようということになりました。今度は，A君が勉強が苦手で，B君やC君についていけませんでした。この時，B君がA君をからかったり，仲間外れにしたらどうでしょうか？

講師
　今度は，A君がB君と同じ気持ちになりますね？

☞このように，誰でも得意なこと・不得意なことがあること，そのことで，立場が簡単に入れ替わること，不得意なことを理由にいじめられても，どうしようもできないことなどを強調します。

ワークシート②記入

Q10 講師
（サッカーの事例でB君を仲間外れにする前に）あなたがA君やC君だったら，B君にどんな言葉をかけたり，何をしてあげたらいいでしょう？

A10 児童
「サッカー教えてあげるよ」「一緒に練習しようよ」 …など。
「（C君の場合）A君がいないところで，B君と仲良くして，サッカーの練習に付き合ってあげる」 …など。

☞それぞれの回答にコメントを行いまとめます。

【人と違う事や見た目などがいじめの原因となる場合】
人と違うという事でからかわれたり，仲間外れにされることもあると思います。みんな，それぞれ，人と違うところがある，ということを知りましょう（多様性）。例えば，外見（顔が違う，体の大小など），声の大小，性格，好きなこと（外遊び，本を読むなど），持ち物など（例：眼鏡），外国だと肌の色が違う，話す言葉が違うなどもあります。

☞事例としてではなく，こんな例もあるという事でさっと紹介します。ただし，何を例に取り上げるかは，対象となるクラスに応じて，担任の先生に事前に必ず相談します。
☞時間があれば，取り組んでみたい質問
Q　自分が，体の事（例：大きい小さい），持ち物や身につけている物（例：眼鏡），自分ではどうしようもできないこと（例：体が弱い）などで，バカにされたりからかわれたりしたら，どんな気持ちになるでしょうか？
Q　そういう人（いじめる人，いじめられる人）を見たら，あなたならどうしますか？
Q　自分がからかわれたり，嫌なことを言われたりしたとき，どうしたらいいですか？

④まとめ：5分

講師
　誰でも，得意なことや不得意なことがあります。

☞時間があれば，担任の先生の得意・不得意なこと，講師の得意・不得意なことを例に挙げて言ってみます。

講師
　それを理由にからかわれたり，仲間外れにされると，とてもつらい気持ちになりますね。自分にできないことがあるように，他の友達にもできないことがあるということを分かりましょう。
　みんな，人と違うことがあります。
　外見，性格，考え方，癖，持ち物，得意なこと，やりたいことなど，それぞれ違います。みんなと違うということは悪いことではないのです（多様性：難しいので砕いた言葉で）。
　自分と違うということを理由にいじめをする人がいます。大人でもそういうことがあるのです。それは，とても辛いことです。いじめられた方はどうしようもない。人との違いを認めましょう。
　どんな些細なからかいや，悪口でも，言われた人はとても傷付き，苦しみます。それは「いじめ」なのです。

☞【時間がある場合はコップの話】
　黒板にコップの絵を描いて，「これが皆さんの心だとします。嫌なことがあると心のコップに少しずつ水がたまっていきます。それがどんどんたまり，いっぱいになったとき，コップの水をあふれさせるには一滴の水で十分です。あなたの言った軽い一言や，軽いからかいが，その最後の一滴になるかもしれません」という説明を行います。
＊簡単に「死ね」「きもい」「うざい」などと言わない。

講師
　「いじめ」をなくすにはどうしたらいいでしょうか？
　それは，他人を認めることです。人の気持ち・立場になって考えること，その人の気持ちを思いやることが大切です。

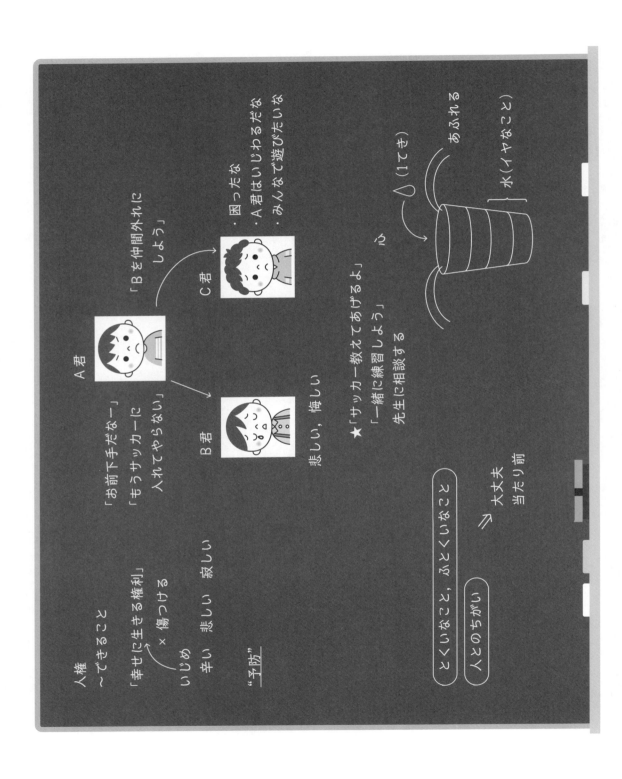

**いじめ予防授業
【3年生ワークシート】**

(サッカーのお話で)
①A君から「B君を仲間外れにしよう」と誘われたC君は，どんなきもちかな？

②あなたが，A君やC君なら，B君に何と言ってあげたらいい？何がしてあげられる？

③授業の感想

LINEを悪用したいじめに関する予防授業について

1．LINEとは

近年LINEをはじめとするSNS上のいじめ・トラブルが問題となっています。

LINEとは，主にスマートフォン向けの無料アプリで，同アプリ利用者間にて無料でメールやビデオ又は音声通話を行えるコミュニケーションツールです。2011年にサービスが開始されて以来，急速に利用者が増えています。

複数人で同時にチャットのようにトークできるグループトークや，イラストで自分の感情やメッセージを伝えるスタンプ機能などが人気で，中高生など多くの学生が利用しています。

2．LINE上の問題点及びLINEを悪用したトラブル・いじめについて

友達同士のメッセージ交換だけでなく，クラブ活動や学校のクラスでの連絡伝達にも幅広く利用されるなど，その便利な機能を使った利用が広がっています。一方，日常的ないじめが存在すると，LINE上で悪口を書かれたり，LINE上のグループトークのメンバーから突然外されるなど，LINEを悪用したいじめが問題となるケースも頻発し，そのようないじめを苦に生徒が自殺するなどの深刻なケースも出てきています。

また，LINE上の機能の一つとして，メッセージを受け取った者が，同メッセージを読んだことを送信者の端末上に表示して伝える「既読」表示機能があります。この「既読機能」は，本来は，LINE開発のきっかけとなった東日本大震災のような災害時に，返信はできなくても「既読」が表示されることによって受信者の安否が確認できるという目的のために作られたものですが，この機能が，特に子ども同士で問題となる場合があるのです。すなわち，「既読」がついても相手からすぐに返信が来ない状態，又は，相手からメッセージが来てもすぐに返信しない状態を，「既読スルー」などと表現し，「既読スルー」によって，人間関係が悪化し，これがいじめに発展するなどの，新たな問題も生じています。

LINEを悪用したトラブル・いじめ（以下，「LINEトラブル」といいます。）の特徴は，外から分かりにくいこと，悪口や不適切な画像等が簡単に拡散しやすいこと，また，対面でいじめる場合より，加害者側に罪悪感が少ないことなどが一般的に挙げられます。

3．LINEトラブルに関する予防授業

このような社会的状況の下，私たち弁護士によるいじめ予防授業においても，多数の学校から，LINEトラブルに関する授業を行ってほしいとの要望を受けるようになってきました。筆者が授業を行った小学校6年生のあるクラスでも，スマートフォンを所有している生徒は，全体の3分の1程度（8～10人），その中でもLINEを利用している生徒は5，6名いました。授業では，前記のLINEについての特徴を説明し，実際に報道されている深刻なLINEトラブルや，弁護士が取り扱った事例等を紹介し，生徒たちに，どのような場合にいじめに発展するのか，これを防止するためには，どういう点に気をつけたらいいかを考えてもらいます。LINE上の不適切な行為による結果責任，すなわち，民事上・刑事上の責任についても場合によっては言及しつつも，そのような結果責任だけで行為を抑制させるのではなく，何よりも被害にあった子どもの気持ちに重点を置いて授業をする点は，他の予防授業と変わりありません。

4．LINE株式会社によるワークショップ

LINEを運営するLINE株式会社においても，児童・生徒向けにネットリテラシーについてのワークショップを開催するなど独自の取組みを行っています。

第二東京弁護士会の全校型いじめ予防PTにおいては，上記の取組みを行うLINE株式会社の担当者をお迎えし，同ワークショップの内容をご紹介いただくと共に，いじめ予防授業についての意見交換会を実施しました。

同社が行った実態調査によると，LINE利用率が増加するのは，高校入学時（スマートフォンを取得する時期），そして，この時期が一番トラブルの多い時期であるとのことです。同社は，トラブル抑制策として，自分の「当たり前」と，他者の「当たり前」が違うというコミュニケーション上の重要な要素に着目し，これを理解させるためのカードゲーム方式の教材や，マンガ教材などを開発し，児童・生徒に主体的に考えさせる授業を行っているそうです。

例えば，「自分の知らないところで自分のことが話題にされている」ことを最も嫌だと感じる人がいれば，「グループトークが延々と続く状況」を嫌だと感じる人もいるなど，各人にとって不快なことが異なるという視点を持たせることで，自身のネット上での言動を顧みる機会を与え，ネット上のマナーを習得させ，トラブル・いじめを未然に防ぐという方法です。

さらに，悪口が飛び交う雰囲気を変えるスタンプを開発・配布したり，東京都教育委員会と共同して「SNS東京ルール」共同研究プロジェクト❶を発足するなどの取組みも行っています。

5．LINE 利用によるトラブルの解決法

　他方，LINE を連絡伝達手段として公式に利用している高校もあり，当該高校では，かえって LINE トラブルが軽減したという事例も紹介されました。LINE の公式利用により，普段からのモラル指導が行き届きやすくなり，また，LINE 未使用の生徒への対応も生徒同士で助け合うという姿勢がうまれ，さらに，教師が LINE 上の生徒の行動等について異変に気づきやすいなど，学校が生徒の LINE 利用状況を見守りやすい体制になったことが，トラブル軽減につながったということです。

　このように，現代の子どもたちにとっては欠かせないコミュニケーションツールとなっている LINE。現状では，不適切な利用方法がもたらす重大な結果がクローズアップされがちで，その危険性から利用を制限するという考え方もありますが，上記高校の例のように，公式に利用させたうえで，適切な使い方を大人と子どもが一緒になって習得していくという手法もまた一つ考えられます。

　テクノロジーの進化と共に，いじめの態様が変遷していく中，私たち大人も，現代の子どもたちが抱える問題や人間関係の特性などを理解するよう努め，健全で適切な方向に導いていけるよう，今後もいじめ予防授業のあり方を検討していきたいと思います。

❶ http://www.metro.tokyo.jp/INET/OSHIRASE/2016/03/DATA/20q3uh01.pdf

4年生 「いっしょに無視しよう」と言われたら？

ねらい

▶▶いじめれる側にもやや問題がある事例を用いて，「悪いことをしたらいじめてもよいのか」という問題について考える。
▶▶いじめを見ている人（傍観者）にできることは何かを考える。

　4年生では，3年生に引き続きグループでの人間関係の意識が強くなる傾向があり，グループの友達同士の些細な行き違いや感情のもつれから，悪口や仲間外れといったいじめに発展することもある。特に，グループやクラス内でやや問題行動のある子がいじめの対象となることがあることから，A・B・C 3人の仲良しグループ内で対立が生じた事例を使って，5年生の授業の準備段階として，「悪いことをしたらいじめてもよいのか」という問題について考える。また，クラス内でいじめを見ているD（傍観者）の立場で何ができるかについても考える。

　ワークシートを利用して，いじめに誘われた人やいじめを見ている人の立場に立って考えることで，今後，実際にそのような場面に遭遇した場合にどのように対応したらよいか，何ができるかについて考えを深める。

進行予定

予定時間：45分

	目安	学習活動	指導上の留意点
①	導入 5分	自己紹介 弁護士の役割の説明 人権の説明	・弁護士の役割や仕事内容について紹介し、なぜ弁護士がいじめ授業に来たのか、人権についての説明を行う。
②	展開1 20分	【事例問題1】 　A・B・Cのグループで、日頃からやや問題行動のあったBがAの本を破ってしまい、怒ったAが「もうBとは遊びたくないから一緒に無視しよう」とCを誘う。 （1）よくないことをした人は無視や仲間外れにしてもよいか。 （2）Cの立場で何ができるか。 ※ワークシート配布・問題1記入 【実例紹介】 　些細なきっかけで始まったいじめにより、不登校などの深刻な結果が生じた実例を紹介。	・いじめれる側にもやや問題がある場面で、いじめに誘われた当事者の立場に立って考えることで、「悪いことをしたらいじめてもよいのか」という問題について考える。 ・いじめ事件の実例を挙げ、いじめは深刻な結果を生じさせるということと、それゆえにいじめをしてはいけないということを伝える。
③	展開2 15分	【事例問題2】 　事例1でAとCがBを無視するようになったため、クラスの他の友達もBを仲間外れにするようになった。同じクラスのDは、内心Bがかわいそうだと思ってその様子を見ていた。 （1）D（傍観者）の立場で何ができるか。 ※ワークシート問題2記入 （2）B（被害者）の立場になってしまったらどうするか。	・傍観者やいじめの被害者の立場から、何ができるのかを考える。
④	まとめ 5～10分	今日の授業のまとめ	・いじめは人の身体や心をひどく傷付け、取り返しのつかない結果を生むもの。 ・誰でも嫌なことやよくないことをしてしまう時はあるが、だからといって「いじめてよい」ということはない。 ・いじめを見た傍観者が、大人に話したりいじめられている本人に声をかけたりすることで、状況を変えることができる。

進行の手引き

授業を進行する際の注意点

（1）板書・児童の指名について

　4年生になると，軽い（時にはひどい）いじめが発生している場合もあるので，打合わせ時に，特に配慮すべき点はないか担任の先生に確認することが必要です。いじめの実例紹介についても，相談して題材を決めることが望ましいと思われます。

（2）ワークシートの使用について

　ワークシートについては，望ましい記入時間の長さや発表の仕方がクラスによって異なる場合があるため，担任の先生と事前に打合わせるとよいでしょう（発言が特定の児童に偏る場合は，担任の先生にワークシートの記入状況を見てもらい，指名してもらってもよいでしょう。）。また，使用するワークシートについては，人数分印刷してもらうよう事前にお願いしておきます。

　ワークシートは授業後，先生に回収してもらい，後日アンケート等と一緒に送付してもらうとよいでしょう。

授業の進行

①導入：5分

みなさんこんにちは，弁護士の【　名前　】です。

Q1 講師
　弁護士という言葉を聞いたことありますか？　また，弁護士の仕事がどういうものか，知っている人はいますか？

A1 児童
　裁判をする人，犯人の味方，など。

☞裁判をしたり逮捕された人の弁護をする，困った人の相談に乗る，また，問題が起こる前にそれを防いだりすることも仕事などと説明します。

☞「人権」を守ることも，弁護士の大事な仕事の一つであるとして，次の説明につなげていきます。

（板書）　人権

Q2 講師
　「人権」という言葉を聞いたことがあるでしょうか？

（板書） 人権　＝「幸せに生きる権利」

☞板書した後，人権について説明します。

講師
「人権」には色々な権利がありますが，その中でも一番基本的で大事な人権が「幸せに生きる権利」です。
一人ひとりが大切にされる権利，世界の誰もが生まれながらに当然に持っている権利でもあります。私たち弁護士は人権を守る仕事です。
いじめ＝人権侵害なのです。
今日は皆さんと「いじめ」について考えるためにここに来ました。

②展開1：20分　事例1　悪いことをしたらいじめてもよいのか

【事例1】（Aさん，Bさん，Cさんの顔を貼る）
あるクラスにAさん，Bさん，Cさんの友達グループがありました。AさんとCさんは幼なじみで元々とても仲良しだったところ，Bさんが同じクラスになって，三人で一緒に遊ぶようになりました。

Bさんは，少しルーズで乱暴なところがあり，AさんやCさんと遊びに行く約束をしていても，待ち合わせに遅れたり，忘れ物をしてAさんやCさんを困らせることもたびたびありました。AさんとCさんは，Bさんの言動に，内心「イヤだな」と思うことも時々ありましたが，Bさんに悪気がないことは分かっていたので，大きなケンカをすることもなく，一緒に遊んでいました。

ある日の放課後，Aさん，Bさん，Cさんが3人で遊んでいるとき，Bさんが，Aさんの持っていた本に興味を持って，Aさんに「ねえねえ，その本ちょっと貸してよ。」と言ってきました。その本は，Aさんがとても大事にしている本で，Aさんが読んでいる途中だったので，「今私が読んでるからだめ。」と断りましたが，Bさんは，「えー，いいじゃない。ちょっと見せてよ。」と言って，無理矢理Aさんから本を取り上げたところ，その勢いで本を破いてしまいました。

Aさんは大事な本を破かれてとてもショックでしたが，Bさんは「あー，ごめん。破けちゃった。」と言うものの，それほど反省している様子はありませんでした。

Aさんは，日頃からBさんの言動にイライラしていたこともあって，怒ってBさんを無視するようになりました。そして，Aさんは，いつも一緒に遊んでいたCさんにも，「私，Bさんとはもう口も聞きたくないし，遊びたくない。CさんもBさんともう遊ばないで。これからはBさんが何か言ってきても，一緒に無視しよう。CさんがBさんと遊ぶなら，私，もうCさんとも遊べないよ。」と言いました。

Aさん　Bさん　Cさん

4年生「いっしょに無視しよう」と言われたら？

Q3 講師
　Aさんはなぜ，Bさんを無視したり仲間外れにしようとしていると思いますか？

A3 児童
　「BさんがAさんの本を破ったから」「Bさんに怒っているから」「悪いことしたのにちゃんと謝っていないから」

Q4 講師
　BさんはAさんの大事な本を破って，しかもちゃんと謝っていませんね。これはよいことだと思いますか，よくないことだと思いますか？

A4 児童
　「よくない」「悪い」

Q5 講師
　Bさんのやったことは，よくないことだったと思うけど，そういう人なら無視や仲間外れなどをしてもいいと思いますか？

▶ ①「いじめをしてもいい」という回答が多い場合

Q6－①講師
　どうして，そういう人は無視や仲間外れにしてもいいのかな？

A6－①児童
　自分が先に悪いことをしたから。

Q6－②講師
　みんなの中で，これまでお友達に意地悪してしまったこと，悪気はないけど友達が嫌がることをしてしまったことのある人はどのくらいいますか？

☞みんな手を挙げる。
　あまり手が挙がらない場合は，「じゃあ，今まで一度もそんなことはしたことがないってことかな」などと聞いてみると，ほとんどが手を挙げます。

Q6－③講師
　そうだよね。誰だって，たまには意地悪をしてしまったり，嫌な気持ちにさせてしまうことはあるよね。
　もし自分が友達にちょっと意地悪をして，それがきっかけで無視されたり仲間外れにされたら，どんな気持ちになるかな？

A6 -③児童
「悲しい」「傷付く」

Q6 -④講師
　悪いことした人はいじめてもいいということにすると，ここにいるみんなもいじめられていいって話になるけど，自分がいじめられても仕方ないと思うかな？　自分はいじめられてもいいという人はいる？

A6 -④児童
いじめられていいとは思わない。

☞いくら悪いことをしてしまったからといって，いじめられてもいい，いじめられても平気と思う人はいないよね，と確認します。

▶▶ ② 「いじめをしてはいけない」という回答が多い場合

Q7 -①講師
　どうして無視や仲間外れにしてはいけないと思いますか？

A7 -①児童
やられた方の心が傷付くから。
今度それをやり返されて，いつになっても終わらないから。
自分も同じレベルのことをしていることになるから。
いじめのきっかけをつくるから。

Q7 -②講師
　Aさんの立場だったらどうする？　Bさんと口を聞きたくない，一緒に遊びたくないという気持ちにはならないかな？

A7 -②児童
「そういう気持ちにはなる」「それは仕方がない」

Q7 -③講師
　それでも，無視したり，仲間外れにしてはいけないと思うのはどうして？

A7 -③児童
「いじめになる」「Bさんが傷付く」
「Bさんが学校に来られなくなる」など。

☞無視や仲間外れにされると，悲しい気持ち，辛い気持ちになること，それが「いじめ」であることを確認します。
　時間や授業の流れによっては，ここでQ6-②からQ6-③の話をしてもよいでしょう。

事例検討への導入部分なので，この段階では，いじめても「いい」か「悪い」かの結論を明確にしなくてもよいでしょう。いじめられた側が悲しい思いをすることや，傷付くという点は確認します。その上で，次にワークシートを使って，いじめに誘われたＣさんの立場だったらどうするか，という点を考えてもらいます。

ワークシート配布・①記入　　いじめに誘われた立場で何ができるか

Q8 講師
　まず，Ｃさんになったつもりで，問題１に答えてください。

問題１
　Ａさんから「Ｂさんともう遊ばないで。いっしょに無視しよう。」と言われたら，あなたはどうしますか。

ワークシート記入　５分程度

☞記入タイムの前に，ＣさんはＡさんとＢさんの間で板挟みになっているという状況を再度説明し，Ｃさんの立場（①元々仲の良かったＡさんから，「Ｂさんと遊ぶなら，もうＣさんとも遊べない。」と言われてしまい，Ａさんの提案を断ったら，Ａさんと友達でいられなくなるかもしれないこと，②自分も，日頃からＢさんの言動には内心「イヤだな」と思うこともあったこと，③それでも，Ｂさんは友達であり，Ａさんの言う通りにすれば，Ｂさんを傷付けていじめの加害者になってしまうかもしれない，という悩み）を理解した上で，何ができるかを考えてもらいます。

A8 児童
「やめなよ，という」「二人の間に入る」
「友達を仲間外れになんてできない」
「そんなことしたらＢさんが可哀想だよ」「三人で一緒に遊ぼうよ」
「別にいいけど，本当にそれでいいの？　後悔しないの？」
「気持ちはわかるけどそんなことしたらＢさんと同じレベルになっちゃうよ」
「Ｂさんと一度話し合おうよ」「先生に言う」

☞いい答えであれば褒めるなどしてコミュニケーションしていきます。
　模範解答が続く場合，適宜以下のような質問をして考えてもらうとよいでしょう。
・自分もＡさんに嫌われるか怖くならないかな？
・自分もＢさんのことちょっと嫌だなと思っていたのに，Ａさんの誘いに乗らずにいられるかな？

・BさんよりもAさんと元々仲がよかったのに，Aさんから「私とBさんどっちをとるの」と言われたらどうかな？

☞「Aさんの誘いを断れないかもしれない」という意見が出た場合は，Bさんがどんな気持ちになるか，どんな結果になるか，その時自分はどう感じるか，という点を考えてもらいます。

【実例紹介】
　どんな場合でもいじめをしてはいけない，ということを理解してもらうため，実例を紹介します。

講師
　実際に起こった事件でも，元々は仲良く遊んでいた友達同士だったのに，ちょっとしたきっかけで，無視や仲間外れをするようになり，だんだんいじめがエスカレートして，学校に来られなくなってしまったり，最悪の場合は，自殺してしまうことがあります。

①Xはクラスで仲の良いA，B，Cと教室内で手紙のやり取りなどをしていた
②たまたま，Aから，Bに対する愚痴を書いた手紙をXが受け取った時にBが見てしまうという些細な行き違いから，A，B，Cから非難されるようになった
③無視，陰口，陰湿なメールによる非難が始まる
④教科書等にいたずらされたり，かくされるようになった
⑤Xは登校不能に→結局退学

※事例は自分の事件や経験談でもよいでしょう。

講師
　いじめは，いじめられた人の心や身体をひどく傷付けることになります。それは，不登校や自殺といった，重大な，取り返しのつかない結果を生むことがあります。
　お友達同士で遊んでいて，嫌だな，頭にきたと思うことはあるかもしれません。Aさんのように，もうBさんと遊びたくない，と思う時もあるかもしれません。それでも，「いじめ」がどんなに相手の心を傷付けるか，どんな結果を生むかをよく考えて，行動してほしいと思います。

③展開2：15分　　事例2　傍観者の立場で何ができるか

講師
　では次の事例を紹介します。

4年生　「いっしょに無視しよう」と言われたら？

【事例2】
　Cさんは，Aさんから「Bさんともう遊ばないで。一緒に無視しよう。」と言われて，今までAさんともBさんとも仲良しだったので迷いましたが，Bさんの日頃の行動に少し困っていたこともあり，Aさんが「CさんがBさんと遊ぶなら，もうCさんとも遊べない」と強く言うので，結局，Aさんの言うとおり，Bさんとは遊ばなくなり，Bさんから話しかけられても無視するようになりました。
　だんだん，クラスの他の友だちも，Bさんと一緒に遊ばないようになってきて，Bさんが「入れてよ」と言っても，「Bさんは入れてあげない」と言って，Bさんを仲間外れにするようになりました。Bさんは，とうとうひとりぼっちになってしまいました。
　また，AさんやCさんたちは，Bさんの悪口や噂話をクラスの中で言いふらすようになりました。
　（Dさんの顔を貼る）
　Dさんは，教室での様子を見て，内心，Bさんがかわいそうにだなあと思っていましたが，Bさんの味方をすると逆に自分もAさんたちからいじめられてしまいそうで悩んでいました。

Dさん

Q9 講師
　Dさんになったつもりで，ワークシートの問題2に答えてください。

問題2
あなたが，Dさんなら，何がしてあげられますか？

ワークシート記入　3分程度

☞記入タイム前に，Dさんの立場（心の中では，Bさんをかわいそう，助けたいと思っているが，Aさんたちをはじめクラスの全員がBさんを仲間外れにしている状況であること，Bさんの味方をしたら，自分もAさんたちにいじめられるのではないかと不安であること）を説明し，状況を理解した上で考えてもらいます。

A9 児童
「Aさんに止めるように言う」「二人の間に入る」
「Bさんに，人がいないところで，大丈夫って聞く」
「どうしたのって聞く」「Bさんと仲良くする」
「BさんとAさんを呼んで，二人とも謝って仲良くするように言う」

A9 児童
「Bさんに『あやまったら？』と言う」
「Aさんに『喧嘩はやめなよ』と言う」
「Bさんに『一緒に遊ぼう』と言う」
「クラス全員がいなくなってから，Bさんと遊んであげる」
「Bさんに，『家で親に言った方がいいよ』と言う」「先生に言う」

☞考えられた回答が出てくるので，褒めたり，疑問を呈したりして反応します。
　特に触れたいポイントは以下の通り。

講師
【大人（教師，親等）に言う】
　トラブルや喧嘩が起こったり，いじめになったりしたときには，子どもだけで解決できる場合もあるけど，ややこしくなってしまう場合もあるよ。そのようなときは，先生とか親とか大人の力を借りることも大事だね。

講師
【Bさんに声をかけてあげる】
　いじめられているときに，何が一番つらいかというと，誰も自分の味方がいないと思うことなんだよ。孤独というのが人間，一番つらいんだよね。だから，周りの人が，「自分はきみの味方だよ」と言ってあげると，その子はとても気持ちが楽になります。こっそり，みんなのいないところでいいから，そういってあげると，とてもいいと思うよ。メールとかラインでもいいと思う。

【被害者の立場で何ができるか】

Q10 講師
　では次に，被害者の立場で何ができるかについて考えてみましょう。
　あなたが，いじめられるBさんの立場になってしまったら，何ができるでしょうか？

A10 児童
「Aさんに謝る」「みんなに謝る」「先生に言う」

☞回答が出てこなかった場合に触れるポイントは以下の通り。

講師
【大人（教師，親等）に言う】
　自分で何とかしようとしても，どうにもならない場合もあるので，そのような場合は，先生やおうちの人に言いましょう。いじめる方が悪いんだから，恥ずかしがることはないです。自分を追い詰めることはしないで，早く，大人を頼りましょう。

講師
【弁護士に言う】
　本当にひどいいじめにあった場合は，弁護士へ相談することもひとつの方法です（弁護士会の無料相談窓口等を紹介する）。

4年生　「いっしょに無視しよう」と言われたら？

④まとめ：5分

講師
　いじめは，いじめられた人の心や身体をひどく傷付け，時には不登校や自殺といった取り返しのつかない結果を生むものです。
　人は誰でも嫌なこと，よくないことをしてしまう時はあります。でも，嫌なことをしたからといって，「いじめてよい」ということはありません。友達に対して，嫌だな，頭に来たと思ったときに，無視したり仲間外れにしたりするのではなく，どうしたら解決できるかを考えることが大切です。困ったときは周りの大人にも相談してください。

　皆さんは，今後高学年や中学生になったときに，Ｃさん（いじめに誘われる人），Ｂさん（被害者），Ｄさん（傍観者），色々な立場でいじめの場面に遭遇するかもしれません。そういったときには，今日の授業のことを少し思い出してみてください。

　特に，一番なる確率が高いのは，Ｄさん（傍観者）の立場だと思います。そのとき，今日の授業でやったように，先生やおうちの人に話をしたり，いじめられている本人に声をかけてあげたり，本当に少しのことでも状況を変えることができるんだということを覚えておいてください。

☞【時間がある場合はコップの話】（47頁，74頁参照）
　　3年生，5年生の授業案と同様に，コップの話（「嫌なことがあると心のコップに少しずつ水がたまる。些細なからかいや悪口でも，それが最後の一滴になって，コップの水をあふれさせてしまうかもしれない。」という説明）をしてもよいでしょう。

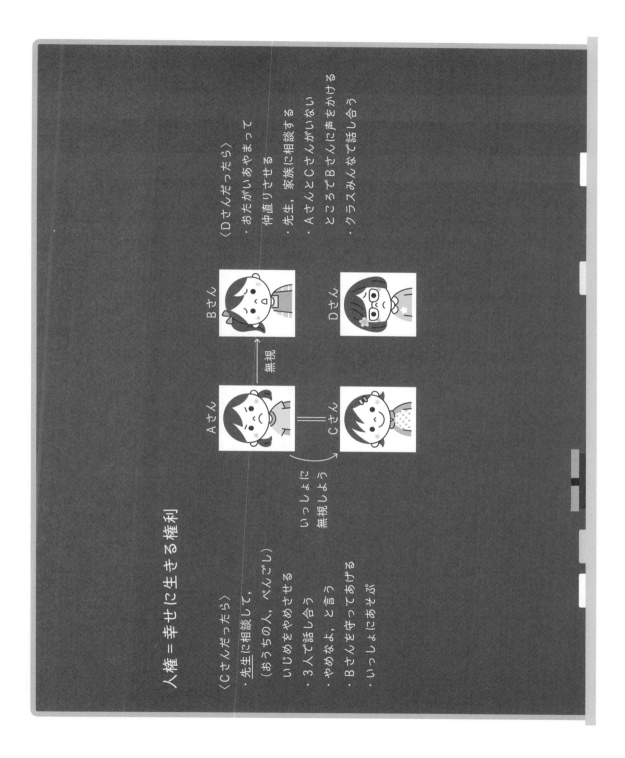

4年生 「いっしょに無視しよう」と言われたら？

いじめ予防授業
【4年生ワークシート】

　　　　　組　　　番　名前（　　　　　　　　　　　　　　）

【問題1】Aさんから「Bさんともう遊ばないで。いっしょに無視しよう。」と言われたら，あなたはどうしますか。

【問題2】あなたがDさんなら，何がしてあげられますか。

LGBT といじめ予防授業

　いじめ予防授業の内容について，学校側からLGBTについても触れてほしいとの要望が出ることがあります。「LGBT」とは，レズビアン（女性の同性愛者）・ゲイ（男性の同性愛者）・バイセクシュアル（両性愛者）・トランスジェンダー（心と体の性が一致しない人）の頭文字であり，セクシュアル・マイノリティ（性的少数者）の人権保護活動の広がりにより近年日本でも浸透してきた言葉です。2016年4月には文部科学省から性同一性障害等へのきめ細やかな対応を求める教職員向けのパンフレットが公表され❶，教育現場でも関心が高まっているものと考えられます。

　LGBT等の性的少数者の多くは，小学校入学前や小学校低学年などの幼少期から，自分の性的指向や性自認を感じ始め，また，それと同時に，周囲との壁や溝を感じ，性的少数者への無理解による心ない言葉に傷付けられ苦しむことも多いといわれています。学校生活の中で，友達から好きな人を聞かれて異性の名前を挙げられずに話についていけない，友達から「オカマ」「オトコオンナ」とはやし立てられるなど，孤立やいじめにつながることもあります。特に思春期には，性的指向や性自認を強く意識する一方で，それが好きになった相手，家族や友人，社会に受け入れられないのではないかとの不安が強まり，自殺・自殺未遂に至るケースもあります。

　誰もが安心して自由に生きていける社会を実現するためには，幼少期から，自分と異なるものへの理解を深め，それを受け入れる心を培うことが重要です。LGBT等性的少数者へのいじめや偏見・差別をなくし，LGBTの子どもたちも安心して自分の心に正直に生きることができるように，小学校でのいじめ予防授業において性的少数者への理解を促すことも有用と考えられます（ただし，配慮が必要なケースもあるので学校との事前の打合わせが必要です）。

　授業でLGBTについて触れる場合は，①LGBTが決して珍しいものではないこと，②LGBTは自分の選択でなるものではないこと，を説明するとよいでしょう。日本におけるLGBT等の性的少数者の割合は約8％，つまり12.5人に1人といわれており（2016年の株式会社LGBT総合研究所による調査結果❷），これはAB型の人の割合（約9％）や左利きの人の割合（約10％）と同程度です。また，「LGBTは個人の趣味だ，好きでそれを選択している」との誤解が差別を生む要因の一つとなっていますが，多くの場合，性的指向や性自認は，生育環境で決まるものでも，個人の意思で選択するものでもありません。同じ環境で育った双子でも，物心がついた頃から一方は異性愛者で一方は同性愛者だったという事例もあります。個人の意思で選ぶことのできない事情により，差別され，周囲に受け入れられないことがどれほど辛いか，子どもたちに考えてもらうとよいのではないかと思います。また，性別を問わず人を想う気持ちは尊いものであること，自分の心が感じる性別で自由に生きることは，全ての人が持つ「幸せに生きる権利」であることも伝えられるとよいと思います。

....
❶ http://www.mext.go.jp/b_menu/houdou/28/04/__icsFiles/afieldfile/2016/04/01/1369211_01.pdf
❷ https://www.daiko.co.jp/dwp/wp-content/uploads/2016/06/20160601_HDYrelease.pdf

5年生 理由があれば いじめてもいい？

ねらい

▶▶「悪いことをした人はいじめてもよいのか」という問題について考える。
▶▶いじめ自殺等の実際の例を紹介して、いじめが絶対に許されないことを示す。
▶▶いじめの当事者は加害者、被害者だけではなく、周囲も当事者であることを示し、周囲の者に何ができるかを考える。

　5年生は、集団全体を考えることが出来るようになり、従来の個人間の悪口や、グループ間の諍いとあわせ、集団からの仲間外しなどのいじめも多く生じるようになる。統計上も、小学生では5，6年生のいじめの認知件数が多く、深刻ないじめも発生するようになる。その根底には、それなりの理由があればいじめをしても許される、という根深い考えがあり、この考えを改めることを第一の目的とする。具体的には、いじめ自殺等の事例を通じて、いじめには強い負の力があり、基本的人権を踏みにじることができるものであることを理解し、いじめが決して許されるものでないことを深く理解することを目的とする。
　また、いじめが周囲で起こったときにどのような行動を取ればよいかを理解し、いじめ解消に向けて自分に何が出来るかを考える機会とする。

進行予定

予定時間：45分

	目安	学習活動	指導上の留意点
①	導入 5分	自己紹介 「弁護士」の役割について説明	・弁護士の役割や仕事内容について紹介する。
②	展開1 10分	いじめについての意識の確認	（1）いじめられる側も悪い，との考えについて，それぞれ賛成，反対，場合によっては賛成，を選択し，どういう場合なら「悪い」に当てはまるのか，自分はその条件を満たすのかを考える。 （2）その上で，「悪いことをした人はいじめられても仕方がない」という考え方についてどう考えるかを問い，いじめを条件付きで許容してもよいという考えの有無を確認する。
③	展開2 10分	なぜいじめは「絶対に」許されないのか	（1）いじめ自殺など，いじめの実例を挙げ，いじめは死にもつながりかねない恐ろしい行為であることを示す。 （2）人権の話を通じ，いじめが，幸せに生きる権利をひどく踏みにじる行為であることを理解する。
④	展開3 5分	小さな悪口，嫌がらせ	・「コップの水」のたとえ話を用い，些細な悪口や嫌がらせであっても，人の心を深く傷付けることがあることを理解する。
⑤	展開4 10分	いじめの四層構造	・ドラえもんを例にとり，いじめの当事者はジャイアン（加害者），のび太（被害者）だけでなく，スネ夫（観衆），しずか（傍観者）も含むということを示し，傍観者の重要性を説き，傍観者にできることを考える。
	まとめ 5分	まとめ	いじめが絶対に許されないこと，傍観者に大きな役割があることを最後にもう一度強調する。

進行の手引き

<u>授業を進行する際の注意点</u>

（1）いじめ自殺の事例を扱うことから，学校側との事前の打合わせを丁寧に行う必要があります。
- ・自殺事例で被害者の苗字を出す場合には，同姓の児童はいないか
- ・自殺や事故で近親者が亡くなった生徒はいないか
- ・悪ふざけで，自殺事案のまねごとをするような雰囲気はないか

などについて，担任と事前に打合わせる。

（2）クラスの雰囲気や，実際にいじめが生じているか，それはどのようないじめか，などを事前打合わせで聴取し，強調すべき点や，言及を避けるべき点があるかどうかを確認します。

授業の進行

①導入：5分

みなさんこんにちは，弁護士の【　名前　】です。

Q1 講師
弁護士という言葉を聞いたことありますか？　また，弁護士の仕事がどういうものか，知っている人はいますか？

A1 児童
「裁判をする人」，「犯人の味方」など。

Q2 講師
「人権」ということばを聞いたことがあるでしょうか？

講師
「人権」には色々な権利がありますが，その中でも基本的で大事な人権が「幸せに生きる権利」です。
一人ひとりが大切にされる権利，世界の誰もが生まれながらに当然に持っている権利でもあります。私たち弁護士は人権を守る仕事です。
いじめ＝人権侵害なのです。
今日は皆さんと「いじめ」について考えるためにここに来ました。

②展開1：10分　事例1　悪いことをしたらいじめてもよいのか

Q3 講師
「いじめられる側も悪い」（板書する）という考え方について，どう思いますか？
　○（賛成：いじめられる側も悪い）
　×（反対：いじめられる側が悪いということはない）
　△（場合によってはいじめられる側も悪い）

A3 児童
（各自の意見を，挙手してもらう。【結果を板書する】）
→おそらく，△に手を挙げる児童が大半と思われる。

Q4 講師
（△と回答した人に）
どんな場合に，いじめられる人も「悪い」と思うのでしょうか？

A4 児童
「先にケンカをしかける人」
「暴力，悪口，仲間外れなどをする人」
「自分勝手な行動をする人，無視する人」「ちょっかいを出す人」
「授業中にうるさく話しかけてくる人」
「借りたものを返さない（借りパク）」…など。

（総じて「人のいやがることをする人」という意見が多く出る）

A4 児童
その他，「いじめられているのに黙っている」「大人に言わない」「やめてと言わない」…
などの意見が出ることもある。

Q5 講師
　今，言ってくれたような「人のいやがること」を，したことのある人はどれだけいますか。手をあげてください。

☞　ほとんどの生徒が手を挙げます。

Q6 講師
　では，そういう人たちが「悪い」として，その人たちを「いじめてよい」ことになるでしょうか。

【板書】　いじめられる側も悪い，悪いことをした人はいじめてよい？

5年生　理由があればいじめてもいい？

A6 児童
○（いじめてよい）　×（いじめてはいけない）
（どちらの意見も出てくる）

☞【A6で悪いことをした人を「いじめてよい」とする意見】に対して

講師
　もし，悪いことをした人を「いじめてよい」のなら，悪いことをしたことがある人がクラス全員である以上，クラスの全員がいじめられても仕方がないことになりますが，それでよいでしょうか。
　そういうクラスにしたいのでしょうか。（回答する生徒がいない場合）そんなクラスは，もちろんいやですね。

☞【A6で，が全員・大半だった場合】

講師
　確かに，悪いことをする人はいます。悪口を一回も言ったことがない人なんて，そうそういませんよね。でも，だからといって，その人をいじめてよいわけじゃないというのが，このクラスの皆さん【多数・全員】の意見です。これは，とても大事なことです。

【板書】そう言いながら，ここで，全員が，×の場合，Q6のときに引いた矢印に，大きく赤でバツをつけます。

＊もし，全員・大半が×の意見でない場合は，このクラスでは悪いことをした人はいじめられても仕方がない，という意見が多数あることを確認し，本当にそうなのかどうかを考えてみましょう，と言って，次に進みます。

Q7 講師
　では，悪いことをされた人はどうすればよいでしょう。

A7 児童
「注意する」，「話し合う」

講師
　では，なぜ，どんなときにもいじめは許されないのかについて，次にお話ししていきます。

③展開2：10分　なぜ，いじめは「絶対に」許されないのか

Q8 講師
　いじめが絶対にいけないことだと，習ったことのある人はどれくらいいますか。手をあげてください。

A8 児童
　（半分以上の生徒が挙手。ゼロということはない。）

☞学校によってまちまち。多い場合は，半分以上の生徒が挙手をします。

Q9 講師
　では，なぜ，いじめは「絶対に」許されないのでしょうか。

A9 児童
「学校が嫌いになる」「学校に行けなくなる」
「いじめをした子と仲直りができなくなる」
「友だちがいなくなる」「外で遊ぶのがイヤになる」
「引きこもり」「心に傷ができる」「飛び降りて自殺をしてしまう」
「仕返しで，殺してしまうかもしれない」
「いじめられている子ではない子もいじめられてしまう可能性がある」

講師
　いじめによって不登校や自殺にいたることもあることを知っていますか？具体的にあったお話をここで紹介します。

【事例】北海道Ｔ市小学校いじめ自殺事件
　小学６年生の女の子（Ｍさん）に対する仲間はずしの事件です。
　小学校６年生の時のクラス席替えの時，Ｍさんの隣になった生徒に対し，クラスメイトが「Ｍさんの隣の席で可哀想だ」と言い，クラスの大勢の子どもたちがこれに同調し，騒然となった。
　修学旅行の自主研修グループ分けの際，自主的にグループを決めることになったが，女子のグループ決めでは，Ｍさんと同じグループになるのは嫌だということで，Ｍさんは女子のグループに入ることができなかった。行くところがなくなったＭさんは最終的に，男子のグループに，女子一人で入ることになった。修学旅行中のＭさんの行動は，客観的にもいじめられて悩み苦しんでいることが窺われるような元気のない状況であった。
　たとえば，ホテルではＭさんがたった一人で行動していた。ホテルの部屋の鍵を持っていなかったため，一人でエレベーターを何度も上り下りしていた。

【遺書】

学校のみんなへ

この手紙を読んでいるということは私が死んだと言うことでしょう。

私は，この学校や生とのことがとてもいやになりました。それは，3年生のころからです。なぜか私の周りにだけ人がいないんです。5年生になって人から「キモイ」と言われてとてもつらくなりました。

6年生になって私がチクリだったのか差べつされるようになりました。それがだんだんエスカレートしました。一時はおさまったのですが，周りの人が私をさけているような冷たいような気がしました。何度か自殺も考えました。

でもこわくてできませんでした。

でも今私はけっしんしました。（後略）

6年生のみんなへ

みんなは私のことがきらいでしたか？ きもちわるかったですか？ 私は，みんなに冷たくされているような気がしました。それは，とても悲しくて苦しくて，たえられませんでした。なので私は自殺を考えました。（後略）

その他，時間によって，追加で例を挙げることもあります。

講師（人権の話）
太陽の光を誰でも浴びることができるように，どんな人でも，幸せに生きる権利を持っています。これを「基本的人権」といいます。
それなのに，苦しんで亡くなった児童がいます。
ここまで人を追い詰め，その人の人権を踏みにじることができたのは何でしょう。
そう，それはいじめなのです。

【板書】　「基本的人権」＝幸せに生きる権利

④展開3：5分　小さな悪口，嫌がらせ

講師
それでは，ここで，「コップの水」のたとえ話をさせてください。みなさんはどんな感想を持たれるでしょう。

【コップの水の例え話】
だれにでも，心の中にコップがあると想像して下さい。いやなことがあると，このコップに水がたまっていきます。もし，コップがいっぱいの時に，あふれさせるためにはどれだけの水が必要でしょう。そう，一滴でいいのです。
（コップに水がたまっていく様子と，一滴の水を黒板に絵を描きながら説明する）
一滴というのは，たとえばどんなことでしょう。皆さんが何気なく使っている，何気ないひとことで十分なのです。

やっている側はおもしろいから，みんながやっているから，と軽い気持ちでやっていることでも，それが相手をひどく傷付けていることがあるのです。それが，最後の一滴になるかもしれないのです。最後の一滴で，コップの水があふれるように，人を深く傷付けることがあります。

☞場合によってはここで，軽いいじめでも相手を深く傷付けることがあると言うことを，体験を交えるなどして話をします。

⑤展開4：10分　いじめの四層構造

Q10 講師
ここで，ちょっと違った視点から考えてみましょう。
みなさんはドラえもんの中で，いじめられっ子は誰だと思いますか？

☞子どもたちに答えさせ，傍観者の果たす役割が大きいことを考えさせます。
☞ドラえもんの話の関係図を図示　いじめられっ子：のび太
　　　　　　　　　　　　　　　　いじめっ子：ジャイアン
　　　　　　　　　　　　　　　　観衆：スネ夫
　　　　　　　　　　　　　　　　傍観者：しずか

Q11 講師
しずかちゃんは，いじめに関係していますか？

A11 児童
【関係している】という意見
「助けられるのに助けていない」
「見ているだけでもいじめているのと同じ」

【関係していない】という意見
「見ているだけでいじめていない」

Q12 講師
では，質問を変えて，しずかちゃんの立場の人には，何ができるでしょうか。

A12 児童
「いじめをやめるように言う（ジャイアンを止める，のび太をかばう）」「親に言って，仲直りさせる（親を仲裁役にする）」
「先生に言う」「友だちに言う」
「慰めてあげる（声をかけてあげる）」

Q13 講師
（先生に言うことについて）チクったと言われて自分がいじめのターゲットにされる可能性はないでしょうか？

5年生　理由があればいじめてもいい？

A13 児童
「チクったと言われたことを先生にもう一度言って注意してもらう」「(チクったと思われると嫌なので)，先生には言えないかもしれない」

A13 児童
→ (いじめを目撃しても何もしない？の問いに対して)
「心配してあげる」「話しかけてあげる」

☞一通り出た後で，以下を強調します。
① 先生に知らせていじめをやめさせてもらうことができる。
 (心配なら，自分が言ったことは内緒にして欲しいと先生にお願いすればよい)
② いじめられている人に，あなたはひとりじゃない，という気持ちを伝えることができる。

いじめは絶対にいけない，ということを強調して，授業を終えましょう。

⑥まとめ：5分

講師
　今日の授業を聞いて，なぜいじめが絶対に許されないかがわかったと思います。いじめは，人の心をひどく追い込むことが出来る強い力を持っています。場合によっては，命にかかわります。そして，その始まりは，小さな一滴に例えられるような，ちょっとした嫌がらせや悪口だったりするのです。許されるいじめはないのだということを，決して忘れないでください。
　また，いじめを見ているだけの人にも，たくさん出来ることがあると言うことがわかったと思います。特に，「あなたはひとりぼっちじゃない」というメッセージは，いじめられている人に大きな勇気を与える言葉です。このことも，よく覚えておいてください。

☞場合によっては，あらかじめ打合わせの上で，最後のまとめは担任に委ねてもよいでしょう。

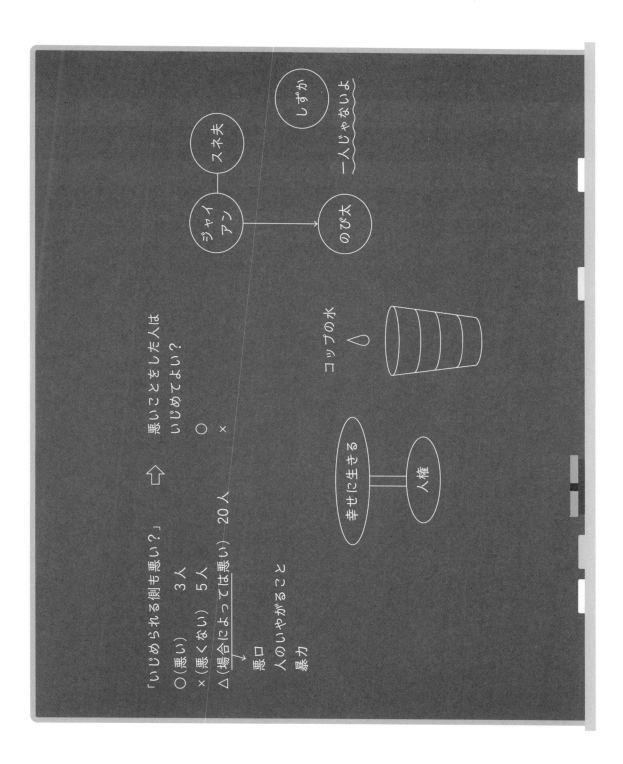

5年生 理由があればいじめてもいい？

いじめの法的責任について

　学校との打合わせにおいて，学校側から，いじめの法的責任について話をしてほしいとの要望が出されることもあります。特にいじめ対策に力を入れている学校では，日頃から道徳的な観点からの指導を行っているため，弁護士には法的な話を中心に授業を実施してほしいとの要望をもつことは十分あり得ることだと思います。

　確かに，弁護士ならではの視点で，いじめを行った場合の法的責任（刑事責任・民事責任）について解説すると，児童たちも新しい話として興味を示しますし，いじめが重大な結果をもたらすことを理解してもらうためには，そのような話をすることも効果的と考えられます。しかし，他方で，多くの児童にとっては犯罪や訴訟は遠い世界の話であるため，あまりにいじめの法的責任を強調すると，「自分には関係がない」と捉えられてしまったり，刑事事件や訴訟に発展するような重大なもの（物理的な暴力を伴うもの・経済的な被害が発生しているもの等）でなければ「いじめ」ではないとの誤った印象を与える可能性もあると考えられます。

　小学校のいじめ予防授業では，一人ひとりの児童に，いじめを，些細なきっかけで誰の身にも起こりうる問題として認識してもらい，いじめられるとどのような気持ちになるか，また，どうしたらいじめをなくせるかといった視点から，自分達の問題として考えてもらうことが重要と考えます。「なぜいじめは許されないのか」を考え理解してもらうことが，いじめ予防授業の目的の一つですが，「法律違反になるから」という説明では，その問いに対する十分な答えにはならないのではないでしょうか。より本質的に，全ての人間には生まれながらに「幸せに生きる権利」＝「人権」があること，いじめは相手の心と身体を傷付ける人権侵害であり，最悪の場合，不登校や自殺に追い込んでしまうものであることなどを，実際のいじめ事例も紹介しながら伝えることで，弁護士ならではのいじめ予防授業ができるものと考えます。

　法的責任の点を中心に授業をしてほしいとの学校側の要望があった場合は，その要望に配慮しつつ，上記のいじめ予防授業の趣旨・目的を理解してもらった上で，必要に応じて，授業の中で簡単に以下の3点に触れるとよいのではないかと考えます（なぜいじめは許されないかという説明の導入か，いじめがもたらす重大な結果の一つとして説明すると進めやすいでしょう）。

①いじめは法律上も明確に禁止されていること（いじめ防止対策推進法第4条）
②（いじめ防止対策推進法には罰則は設けられていないが，）直接身体に向けて殴る蹴る等の物理的攻撃を加えた場合は暴行罪（刑法208条）や傷害罪（刑法204条）が，金品を盗んだり要求した場合には窃盗罪（刑法235条）や恐喝罪（刑法249条）が，インターネット・SNSへの書き込み等で相手の名誉を毀損した場合は名誉毀損罪（刑法230条）が適用される可能性があること
③民事上も不法行為（民法709条）等により多額の損害賠償責任を負う可能性があること（加害者やその保護者に対する数百万円から数千万円の損害賠償請求が認められた事例があること）

6年生 みんなの力でいじめはなくせる！

ねらい

▶▶ 5年生の授業の振り返りを行い，いじめについて，積極的に発言できる場を作る。
▶▶ いじめが起きないようにするためには，一人ひとりがどのように考え，行動すればよいかを考える。

　5年生に引き続き，いじめを集団全体の問題として考える。

　5年生の授業の振り返りを行うとともに，いじめる側といじめられる側の立場が入れ替わるような事例を用いて，集団の中でいじめが起こったときに，実際にどのような行動をとることができるかを自分のこととして考える。

　人権が守られる社会は自分達が作っていくという意識を持ち，クラスの中で，いじめについて考え，発言できる場をつくることにより，中学校での深刻ないじめを抑止する力をつける。

進行予定

予定時間：45分

	目安	学習活動	指導上の留意点
①	導入 5分	自己紹介 「弁護士」の役割や仕事内容について紹介する	・過去に弁護士の授業を受けている学年であれば，弁護士の役割の一般論については省略してもよい。
②	5年生のいじめ予防授業の復習 10分	いじめの危険性について ・ドラえもんの例え（本書の5年生の授業案参照）。 ――「しずかちゃん」が出来ることは？ ・コップの水の例え（本書の5年生の授業案参照）。 理論的な復習＝小まとめ ・どうしていじめは悪いのか？ ・「いじめられる側が悪い」ということは絶対にない。 ・いじめられている人を見たらしてあげるべきことについて。	・児童に問いかけながら5年生の授業を振り返る。 ・児童の発言を書いたり，コップ・ドラえもんの関係図を板書して，適宜補足する。 ・5年生の授業案を事前に確認しておくこと。
③	事例の説明討議 25分	以下の事例を使って，複雑な人間関係において，どのように対処すべきか，そう考えた理由はなぜか，児童から積極的に意見を求めて議論し，理解を深める。 【事例の概要】 　もともと，クラスメイトに悪口を言っていたり，暴力をふるったりしていたAさんに対し，被害を受けていたBさんがCさんと一緒になって，Aさんを無視しようとする。それがクラス全体に波及し，最後はAさんの友だちだったDさんまで，無視をし，一人ぼっちとなったAさんは不登校になってしまうという事例。	・板書をしながら，事例を丁寧に説明する。登場人物は，絵を使うなど工夫し，矢印やキーワードを書きながら，人間関係が児童にも把握できるように工夫する。 ・討議については，なるべくクラスのみんなが発言できるように配慮する。 ・Bさん，Cさん，Dさん，それぞれの立場で，どのような気持ちだったか，どうすればよかったかを発言してもらう。人間関係が難しい事例なので，正解があるわけではない。いろいろな立場の発言を許容しつつ，通り一辺ではない回答をうまく引き出すように児童への問いかけを工夫する。
④	まとめ 5分	今日の授業のまとめ	・みんな一人ひとりのアイデア，工夫を出し合うことでいじめをなくすことができるという雰囲気を作り出すまとめを行う。 ・この授業が，中学生につながる，その準備段階として，居心地のいいクラスを作っていくことにつながることを目指す。

進行の手引き

授業を進行する際の注意点

（1）6年生の授業案は，児童が5年生のときに「理由があればいじめてもいい？」の授業を受け，いじめられる側も悪いという考え方には問題があることを学んだことを前提に，具体的な事例をもとに，より主体的に考え議論することに重点がおかれています。

6年生で初めていじめ予防授業を受ける児童の場合には，5年生授業案「理由があればいじめてもいい？」を実施することをお勧めします。

（2）この授業案では，事例が具体的になっていますので，登場人物の絵を黒板にマグネットで貼ったり，人物の間に矢印を引いたり，「無視」等のキーワードを板書する等，児童が事例を把握しやすいように工夫してください。

（3）6年生になると，児童はどういう回答をすることが望ましいのかを察することも多く，模範的な回答をするにとどまり，なかなか本音を引き出せずに議論が深まらない授業展開になることも予想されます。

そのような場合には，「タテマエはそうかもしれないけど，本音はどう？」という，いわゆる「揺さぶり」をかけてみることが有用ですが（この授業案にも「揺さぶり」を意図している箇所があります），最終的には，「いじめられる側も悪いという考え方をしない」という原点に戻って授業を終えられるようにしてください。

授業の進行

①導入：5分

みなさんこんにちは，弁護士の【 名前 】です。

Q1 講師
弁護士の仕事がどういう仕事をするか，知っている人はいますか？

A1 児童
知っている！（という答えが多く出る）

講師
争いが起きて困る前に，それを防止するのも弁護士の仕事です。

☞いじめなど，悲しいことが起こらないように予防授業をすることの意義についてふれてもよいでしょう。

☞前年までに弁護士による授業を受けたことがある学年の場合は，簡単な自己紹介程度にとどめて本題に入ってもよいでしょう。

②展開：10分　5年生のいじめ予防授業の復習

講師
　5年生のときも弁護士の先生から授業を受けたことがあったと思うけど，覚えているかな？　覚えている人は手を挙げてください。

☞担当する講師は，5年生の授業案を事前に目を通しておきましょう。
　挙手をさせたら，「どんなことを教わったかな？」などと問いかけ，子どもたちに覚えていることについての発言を促します。
　発言に対して，内容を確認しつつ説明を加えて，理論の復習をします。

講師
　ドラえもんの話をしたと思いますが，覚えていますか？

☞4人の関係を整理して伝えていきます。
・のび太くん　→いじめられる側
・ジャイアン　→いじめる側
・スネ夫　→いじめる側と一緒になって仲間になっている子
・しずかちゃん　→どちらでもないけど，周りで見ている子

講師
　この4人の関係で，ドラえもんがいなかったとして，いじめをなくすために，一番重要な登場人物は誰でしたか？
　たとえば，先生に言えるのは誰だろう？

☞・のび太くん　→いじめられている側は何も出来ない
　・ジャイアン・スネ夫　→いじめている側は先生に言わない
　・しずかちゃん　→周りで見ているしずかちゃんは先生に言える
☞・「しずかちゃん」にできること－こっそり声をかけてあげるだけでもいい

講師
　いじめを受けた子は，すごく悲しいし孤独なんです。家族にも言えなかったりして，すごく孤独です。
　そして，いじめがずっと続くと，どうなってしまうでしょうか？

☞・心がつらくて，病気になる人もいる
　・学校に行けなくなっちゃう人もいる
　・最悪の場合，自殺する人もいる
　など，いじめを周りで見ている，傍観者の立場の子たちについて，5年生での授業を思い出させるような問いかけをし，発言をしてもらうようにします。

6年生　みんなの力でいじめはなくせる！

講師
　もう一つの話，コップの話は覚えていますか？
　人の心は，よく「コップの水」で例えられています。
　コップは人の心が耐えられる「器」と考えてみましょう。
　コップにたまる水はつらいこと（いじめなど）と考えてみてください。
　いやなことがたまっていって，コップの縁ギリギリのところで耐えているけど，水が溢れてしまうと，心が耐えられなくなってしまうのです。
　ただ，心が苦しんで，コップの縁でいっぱいになっている水を溢れさせるのに，どれだけの量の水がいると思いますか？
　実は，たった一滴なのです。それが，ひょっとしたら，クラスの仲間の一人のちょっとしたひとことかもしれません。「ばか」という言葉とか，ちょっとしたからかいの言葉とか，あるいは，あいさつを返さないなど，やる方からしたら，小さいことと思えることで，水が溢れてしまうかもしれないのです。

講師
　自分の何気ない言葉や行動が，最後の一滴になってしまうのは，とても悲しいことです。だから，悲しいことが起きないためには，実はいじめる側でもない，いじめられる側でもない，周りでいじめを見ているクラスのみんな，一人ひとりの行動がすごく大切なのです。

Q2 講師
　この心のコップから水が溢れないように助けてあげるためには，どうすればいいと思いますか？

A2 児童
　水を減らしてあげる。
　水を抜いてあげればいい。
　コップに穴をあける。

講師
　そうですね。この水を，どうやって抜いてあげればいいでしょうか？
　もう少しみんなに考えてほしいと思います。

☞いじめられている人を見たらどうしてあげるべきでしょうか？　さっきのしずかちゃんの例のように，そばにいて，声をかけてあげるだけでもいいのです。そうすればいじめられた子の心のコップの水は抜けていくのです。

講師
　もうすぐみなさんは中学生，また一つ大人の階段を昇ってレベルアップします。だから，今日は復習だけじゃなくて，ちょっと難しい話について考えてもらおうかなと思います。

②展開：25分　事例の説明と話合い

講師
それでは，これからお話しする事例についてみんなで考えていきましょう。

【事例紹介】

　Aさんは，クラスの女子の何人かの悪口を言ったり，男子には自分の思い通りにならないと，むねをついたりするようなことをしていました。

　Bさんも，Aさんからよく手を出されていた一人で，イヤな思いをしていました。

　Bさんは，Aさんにとても腹が立っていたので，親友のCさんに，「Aは最近むかつくから無視しようぜ。」と言いました。

　Cさんは，自分も時々Aさんから悪口を言われることがありイヤな思いをしていたので，BさんからAさんを無視しようと言われて，「うん。」と答えて，一緒に無視することにしました。

　たとえば，AさんがBさんやCさんに話かけても知らんぷりをしたり，今まで一緒に遊ぶこともあったのに，わざとAさんを遊びの仲間に入れないようにしました。そして，Bさんは，クラスの他の子にも「Aを無視しようぜ。」と言うようになりました。

　そして，クラスの他の友だちも，Bさんが言うように，遊び仲間に入れないようになってきました。だんだんひどくなっていって，Aさんがクラスの他の子に話しかけても無視してしゃべらない，挨拶すらしないという子がどんどんと増えていきました。

　クラスのDさんは，Aさんと席がとなりで，Aさんの一番の仲良しでした。しかし，だんだんAさんと遊ぶ回数も減っていきました。1か月ほど経ったある日，DさんもAさんを無視してしまいました。

　Aさんは，そのとき泣き顔になって「ねえ，どうしてDさんまでぼく（わたし）を無視するの？！」と叫びました。

　Aさんは一緒に遊んだり話したりする子がいなくなり，学校を休みがちになってしまいました。さらに，しばらくすると，全く学校に来なくなってしまいました。

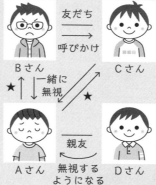

☞この事例にあるいじめについて，Aさん～Dさんまで，いろいろな立場にたってどのように考えるか，行動するかを問いかけていきます。順番はこのとおりでなくてもかまわないと思います。

6年生　みんなの力でいじめはなくせる！

【Dさんの立場で考えよう】

Q3－1講師
Aさんから「ねえ，どうしてDさんまでぼく（わたし）を無視するの？！」と聞かれたら，Dさんはどんな気持ちになるでしょうか。

A3－1
・困ってしまう。
・どう答えたらよいかわからない。

☞この質問に対しては，Aから「どうして無視するのか」という問いに咄嗟には答えられないこと，Dとしては対応に困ってしまうという点を確認します。

Q3－2講師
それでは，まず，この時のDさんはなぜAさんのことを無視してしまったのでしょうか。無視した時のDさんの気持ちはどんな気持ちでしょうか。

A3－2
・クラスの空気に同調して，自分の身を守るために無視してしまった。
・みんなが無視する雰囲気だから一緒にやってしまった。

Q3－3講師
いまはDさんの気持ちを整理してみました。今度は，あなたがDさんの立場だったら，あなたはBさんと一緒にAさんを無視しますか。

A3－3－①児童（クラスの雰囲気に同調する立場）
・自分も無視されるのは嫌だから，無視してしまう。
・自分の身を守るためには無視するのも仕方がないと思う。

A3－3－②児童（折衷的な立場）
・Aさんと話はするけど，一緒になって遊ぶことまではしない。
・周りに見られないようにこっそりAさんと話す。
・こっそり周りの大人に知らせる。

A3－3－③児童（Aさんのことを大切に思うとする立場）
・Aさんの友だちだから話してあげたり，遊んだりする。
・Bさんに無視はやめるように注意したり，クラスで話合ったりする。
・自分の仲間を作って，Aさんと話すクラスメートを増やす。
＊仲間を増やすときに，今度はBさんやCさんをいじめの対象にしないように気をつけるという視点はフォローが必要です。

☞児童が進んでDさんやAさんの立場を想像しながら，どう対応していくことができるかを考えさせるように児童の発言を受けて，講師が適宜発問をしていくとよいでしょう。

Q4
（回答がないときや，A3－3－③のように模範的な回答に偏ったとき）
あなたがAさんと話そうとするときに，BさんとCさんの方をふと見ると，2人ににらまれてしまいました。あなたはいつも通りにAさんに話しかけられますか。

A4
- （A3－3－①よりの回答）やはり怖くなって無視してしまうかもしれない。
- （A3－3－②よりの回答）Bさんに見られないようにこっそりAさんと話す。

☞ 6年生の授業案では，児童に考えさせることに重きを置きます。単に模範的にAさんを大切に思うとする立場での回答のみで授業を展開するのではなく，現実に実行しようとするのは難しいかもしれないという視点を入れるとよいでしょう。実際に①や②のような回答が出て，自分の立場に置き換えて考えることが大切になります。

Q5 講師
みんなと話してもらえなくなったり一緒に遊んでもらえなくなったAさんは，とても悲しそうにしています。Dさんは，Aさんのために，何かしてあげることがあるでしょうか。

A5
- 自分の仲間を作って，Aさんと話すクラスメートを増やす。
  ＊仲間を増やすときに，今度はBさんやCさんをいじめの対象にしないように気をつけるという視点はフォローが必要なのは前述と同様です。
- 先生や親など，大人に相談する。

【Cさんの立場で考えよう】

Q6 講師
では次に，あなたがCさんだったら，Bさんと一緒にAさんを無視しますか。それはどうしてでしょうか？

A6－①児童
「無視する」
- 元々Aさんが悪いことをしていたから。
- 自分はイヤな思いをしているから，自分を守るため。
- Bさんの友達だし，断るのは難しい。
- クラスの空気としても断るのは難しい。

A6－②児童
「無視しない」
- いくらAさんが原因でも無視はやりすぎだと思う。
- 無視は悪いことだから。
- 自分がされたら嫌だから。

Q6－1 講師【A6－② 無視しないに対して】
Bさんがクラスの中でも強い人だったら，どうしますか。それでも無視しませんか。

☞ 折衷的回答が出やすくなるよう，問いかけていきます。子どもたちが考えを深めて答

えてくれるようになることがここでのねらいです。「無視しない」という優等生的回答がくり返される場合は、「自分もＡさんから暴力を受けたり被害を受けてきたのに、どうしてＡさんを守るの？」という視点から問いかけをしてみてもよいでしょう。

A6－1児童
・Ｂさんに立ち向かう（「無視するな」と注意する）。
・ＡさんやＢさんと話合いで解決しようとする。　☞★
・大人に相談する。
・逃げる（転校してしまう）。
・自分の仲間を作って、Ａさんと話すクラスメートを増やす。

☞★　この回答に対しては、「自分もＡさんから暴力を受けたり被害を受けてきて、今まで話合ってもＡさんが聞いてくれなかった。Ｂさんも話しても聞いてくれないようなボス的存在だったらどうしますか？」と問いかけて、子どもたちにいろいろな立場から考えさせるように配慮します。
☞Ｂさんに立ち向かったり、仲間を増やしたりするときに、今度はＢさんをいじめの対象にしないように気をつけるという観点からのフォローが必要となります。

【ＣさんとＤさんの立場のちがい】

Q7 講師
　いじめをなくすためにできることは、ＣさんとＤさんの立場で、何か違いはあるでしょうか。

A7－①児童
　Ｃさんは、Ｂさんと仲がいいので、いじめているんだと思う。Ｂさんと近い立場だと思う。

☞近いからこそ、Ｂさんに話を聞いてもらって、いじめを食い止めるキーパーソンになれる可能性がある（通常のスネ夫との違い）という点に気付かせたいと思います。
☞一方でＢさんに立ち向かおうとすると、今度は自分が無視されるかもしれない危険があります（板挟みのような状態）。そこをどのように振る舞うべきか、あらためて児童にあてて考えてもらってもよいでしょう。

A7－②児童
　Ｄさんは、Ａさんと仲が良かったので、Ａさんに近い存在だと思う。

☞ＤさんがＡさんを仲間外れにしてしまうと、Ａさんはひとりぼっちになってしまうので、ＤさんはＡさん側でのキーパーソンとなっています。

講師
　今回の事例では，5年生の授業で考えた，ジャイアンと仲がいいスネ夫といじめを周りで見ているしずかちゃんのように役割が固定しているのではなく，複雑な関係となっています。ジャイアンとのび太が入れ替わったり，スネ夫もキーパーソンだったり，それぞれの立場で，いじめをなくすための役割があるのです。

講師
　もう一度CさんとDさんにできることを，考えてみましょう。
　クラス内でいじめに同調する子が増えてきたときに，無視に加わるのか，それともAさんの立場に立つのか，それを決めるのはみなさん一人ひとりです。
　そして，無視に加わらない子がいることで，クラスのなかの雰囲気が変わっていきますね。無視を止めることができなくてもいい。例えば『がんばれよ』とか『あなたは一人じゃないよ』というようにそっと声をかけてあげることが大切です。

☞いじめを放置せず，深刻化させないクラスにすることの大切さに気付いてもらいます。

【Bさんの立場で考えよう】

Q8 講師
　BさんがAさんを無視したのは，仕方がないことでしょうか。クラスのみんなに無視を呼びかけたことはどうでしょう。

☞どちらか一つに挙手させて理由を聞いていきます。

A8 児童　【無視するのは仕方が無い】理由
・自分もいじめられていたから，自分を守るため。
・Aさんは話合ってもわからないような人だから。
・悪いことをしたら仕返しされても仕方が無い。

A8 児童　【無視はやはりいけない】理由
・無視はいじめになるから。
・みんなで無視することはいじめになるから。　　☞★
・やられた子の気持ちになると辛いから。
・仕返しせずに話合えばいいから。

☞★　この回答に対しては，「いじめ」というのは1対1でも，相手の子がいやな気持ちになったら，それはいじめで，複数でやるのだけがいじめではないというフォローが必要となります。

Q8－①講師　【模範的回答が出た後に】
　結局，Bさんとしてはどうすべきだったのでしょうか。
　自分が最初は暴力を振るわれていたBさんの気持ちになると，それはいやなはずです。話合っても止めずに他のクラスメートにも意地悪をしているAさんに，Bさんとしては最初どうすべきだったでしょうか。

A8 －①児童
・粘り強く話合おうとする。
・大人に相談する。
・Aさんとあまり関わらないようにする（うまく距離をとる）。
・周りを巻き込むことまではせずに1対1で喧嘩する。
・無視という方法ではなくて，クラスのみんなを巻き込んで話合いをする。

講師
　ここでもう一度考えてみましょう。悪いことをした人だからといって，本当にいじめてもよいのでしょうか。

Q9 講師　【挙手を求めて質問】
　Bさんの立場だったら，Aさんに対して嫌だなあとかこまったなあと思う人はいますか？　では，あなただったら，そうしたときにどういう行動を取るでしょうか？

☞意見が出にくいと思うので，ここはグループディスカッションで話合うなどして対応してもよいでしょう「悪いことをした人はいじめられてもよい」という考え方について，どう思うかを聞いていきます。

☞「いじめられても仕方がない」という意見に対する答えについては，講師それぞれの言葉で語りましょう。

講師
　「悪いことをした人にはいじめをしていい」という理屈だと，誰しもがいじめられる対象になってしまいます。ここで挙げた事例のように，ジャイアンやのび太は立場の逆転もあるのです。自分がそうされたら，どうでしょうか？　そのことを考えてみてください。

改めて「いじめは決して許されない」ということを確認します。
☞この授業で，いろんなアイデアが出たことを改めて思い返してもらいます。
☞みんな一人ひとりのアイデア，工夫を出合っていじめをなくすことはできる！

⑥まとめ：5分

講師
　「いじめ」をなくす最大の力は，まずはクラスのみんな一人ひとりだということがわかってもらえたと思います。もちろん，困ったときは大人が助けてくれます。解決が難しいときには相談してください。
　みんなが明るく楽しく過ごせる，「居心地のいい」クラスを作るのは，みなさん一人ひとりの力が必要です。
　今日のようにみんなで知恵を出合って，居心地のいい暮らしやすいクラスを作っていくこと。これは，大人になって暮らしやすい社会を自分たちで作ることにつながります。

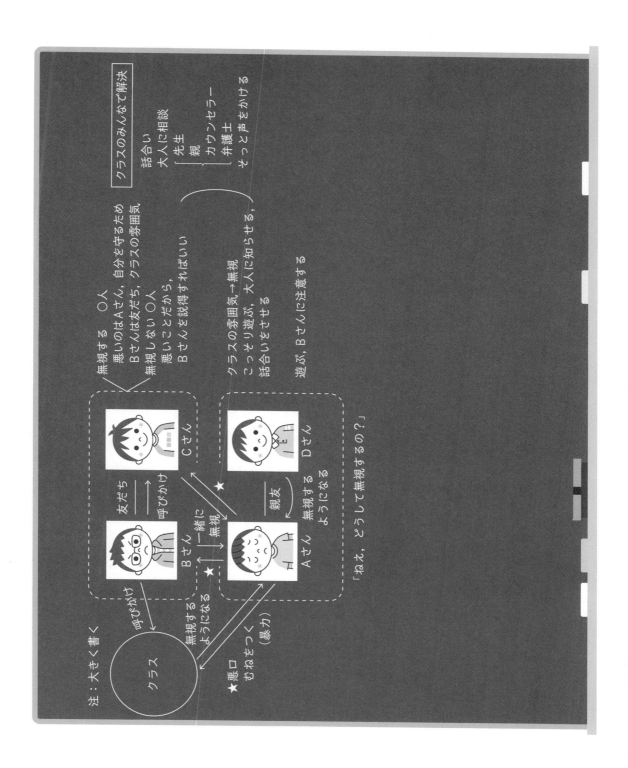

保護者向けの講演の例

はじめに ～テーマの設定
　いじめ予防授業を行う際，あわせて保護者向けの講演も依頼されることがあります。どういう話をすればよいのか，戸惑われる方も多いと思いますので，一例を挙げさせていただきます。
　いじめ予防授業の関連で話すのですから，テーマは自然といじめについて，になります。聴衆が保護者ということを考えますと，いじめについて，保護者はどのように振る舞えばよいのか，というテーマがよいでしょう。

導入
　自己紹介もかねて，いじめ予防授業の内容，ねらいを簡潔に話し，弁護士がいじめ予防授業にどのように取り組んでいるのか，どういった授業をしているのかを簡潔に述べます。

わが子がいじめに遭ったとき
　次に，保護者の関心の高い，わが子がいじめられたとき，親としてどう振る舞えばよいのか，という話をします。主な流れは，以下のとおりです。
・いじめられていることを親に告白することは，子どもの目線から見ると，はずかしい，ダメな子どもと思われないだろうか，ちゃんと話を聞いてくれるだろうか，といった様々なハードルがあります。それを乗り越えて告白してくれた子には，最初に，「告白してくれてありがとう」と伝え，辛い思いをしていることを優しく包み込むように話を聞く姿勢が必要です。あなたもやり返さないからいけない，など，子どもを突き放すような対応をすると，子どもはそれ以上話をしてくれなくなってしまうかもしれないので，注意しなければなりません。
・保護者の中には，子どもの気持ちをよく確かめないで，いじめた相手や，学校に文句を言い，それが深刻な紛争になることも珍しくありません。ですが，それはお子さんが本当に望んでいることでしょうか？　いつのまにか，子どもを置き去りにした，大人同士のケンカになっていることが少なくありません。
・本来，保護者と学校とは，いじめ解決に向けて協力し合う車の両輪のような存在です。お互いに役割分担を確認し，自分に出来ることをおこない，密に情報を共有していくということが求められています。

わが子がいじめをしていることが分かったとき

・子どもは，時として，いじめをしたことを正当化しようとします。授業の中でも，「場合によってはいじめられる側も悪い」という選択肢に手を挙げる子が大半を占めます。もし，ご自身のお子さんがそのようにいじめを正当化しようとしたら，保護者の皆さんはそれに決して同意しないで，こう聞いてみてください。「あなたの言いたいことは分かったわ。でも，あなたは，いじめるしか方法がなかったの？」いじめるという行為が間違っていることを，分からせるのも保護者としての大切な役目です。

・いじめをしていることは，他人を傷つけることですから，これは叱らなければなりません。もっとも，ただ叱るだけでなく，その奥にある満たされない気持ちを見つけることを心がけてください。いじめをする子は，自分の内面の満たされない何かのはけ口として，いじめを行うことが少なくありません。そういった意味で，いじめを反省し，その背景を親子で話し合うことは，子どもが成長する大きなチャンスと言えるでしょう。

いじめ，いじめられという経験をする子どもは，決して少なくありません。そのようなときにこそ，保護者の方の力が必要になるのです。

以上のような話を，保護者向けの講演の例として，ご参考にしていただければ幸いです。

いじめ予防のルールづくりについて

　全校型いじめ予防授業は，教職員，児童，保護者全員がいじめの問題に主体的にかかわり，いじめを抑止させる目的で実施するものです。そのためには，いじめ予防授業を実施するだけではなく，全校型いじめ対策ルールを策定することも非常に有用と考えています。
　ここでご紹介する「○○小学校のいじめについての考え方」は，いじめ予防授業を実施する学校で，全校型いじめ対策ルールを策定する際に，現場の教職員の方たちが，議論し検討する際のたたき台にしていただくために作成されたものです。イギリスで使われている"KIDSCAPE SAMPLE ANTI-BULLYING POLICY FOR SCHOOL"を参考に，日本版にアレンジしました。

　「全校型いじめ対策ルール」は次のような構成となっています。
　まず，基本的なこととして，①どのようなことがいじめに当たるのかについて，具体例を挙げてイメージしやすくし，②いじめがいけない理由，③いじめられても仕方がない人は一人もいないことを説明します。
　次に，実際にいじめが発生することを前提に，④児童に対しては，いじめにあった本人やそれを目撃した人がどのような行動をとればよいのか，⑤保護者に対しては，自分の子がいじめの被害者又は加害者であることが分かったときにどのように対応してほしいかを示すとともに，⑥学校側からの，いじめを予防するための日常的な対応，またはいじめ発生後の対応についての約束事を示しています。
　つまりこの全校型いじめ対策ルールは，学校から児童や保護者への呼びかけであるとともに，全教職員の決意表明であり，それぞれの立場から全員が参加し，いじめを予防し，いじめを無くすために作成されたものなのです。まさに全校型いじめ予防授業を行う趣旨に則ったものとなっています。

　この全校型いじめ対策ルールの最後に掲げた「みんなできめた，●年●組のきまりごと」は，例えば，全校型いじめ予防授業を受けた後に，各クラスで話合ったうえで，児童が自分たちでルールを作ることを想定しています。これにより，児童も主体的にいじめの問題を考え，いじめを抑止できる力や関係づくりを培うことができるのではないかと考えています。
　本資料を参考にしながら，各学校の実情に合ったルール作りに取り組んでいただけることを願ってやみません。

> いじめ予防のルールづくり案

○○小学校のいじめについての考え方

　この学校では、どんないじめも許しません。いじめは、ほかの人の心を傷付ける悪い行いであり、絶対に許されません。もし、この学校でいじめが起こったときには、いじめをやめさせるために最善の対策をとります。みんなで協力して、いじめを無くしていかなければなりません。この学校では、いじめのない環境をつくるため、教職員一同、全力を尽くします。

1 いじめとは

（1）どういうことをするといじめでしょうか？

たとえば…
- 友だちがみんなで遊んでいるのに、あなただけ入れてもらえなかった
- あなたが話しかけているのに、友だちがわざと返事をしなかった
- あなたの物が、だれかにかくされたり、わざとこわされたりした
- 友だちからぶたれたり、けられたり、つきとばされたりした
- あなたのいないところで、あなたの悪口や、いやなことをいわれた。または直接いわれた
- 友だちからからかわれたり、変なあだ名でよばれた………

　こういうことをされて、あなたがいやな気持ちになったとき、それが、いじめです。
　いじめは、こういったことを、くりかえしたり、何人かでやったり、長い間続けることで、いじめられている人をいっそう深くきずつけるものです。

（2）いじめはなぜいけないのでしょうか？

　いじめられた人は、いたい、さびしい、つらい、自分はもうだめだ、と思うようになります。
　自分はひとりぼっちだと思ったり、生きていてもしかたがないと思ったりするようになることもあります。
　そんなつらい思いは、あなただって、いやでしょう。ほかの人もあなたと同じです。だから、いじめは絶対にしてはいけないのです。

（3）いじめられる人が悪いのでしょうか？

　絶対にそのようなことはありません。
　だれでも，ほかの人からいじめられることなく幸せに生きる権利があります。
　たとえば，わがままな人，ひとの悪口を言う人，乱暴なことをしたり言ったりする人がいます。だからといって，その人たちを「いじめていい」ことにはなりません。

　わたしたちにはみんな，いいところと，悪いところやうまくできないことがあります。悪いところがあるから，うまくできないことがあるから，いじめられてもしかたがない，ということになったら，わたしたちはみんな，いじめられてもしかたがないということになります。それは，おかしいですね。いじめられてもしかたがない人は一人もいません。

❷ いじめがあったとき

（1）もしいじめられたらどうすればいいのでしょうか？

　いじめを自分ひとりだけで解決するのはとてもむずかしいことです。いじめられたときには，勇気を出して，おうちの人や先生方に知らせましょう。おうちの人や先生方は必ず，あなたの味方になってくれます。いじめられたあなたに悪いところなんて何もないのですよ。いじめられることは，はずかしいことなんかじゃありません。

（2）まわりで見ている人はどうすればいいのでしょうか？

●先生におしえてください

　いじめに気がついたときに，だまって見ていることはありませんか。あなたがだまって見ていると，いじめている人は安心します。時には，「みんなもおもしろがっている」と思うかもしれません。そして，もっとひどいいじめをするようになります。
　だから，学校から児童のみなさんにお願いがあります。
　いじめを見かけたら，先生たちに教えてください。担任の先生でも，保健室の先生でも，校長先生でも，だれでもいいのです。この学校の先生たちに相談すれば，先生たちは全力でいじめを止める努力をします。
　「先生たちに相談することは告げ口になるからよくない」とは考えないで下さい。先生たちに相談することはなにも悪いことではありませんよ。悪いのは，いじめを見ても，見ないふりをすることです。

●声をかけてあげてください

　いじめられると，自分はひとりぼっちのような気がしてしまいます。そんなときに，まわりの人から優しく声をかけてもらうだけで，その人は大きな勇気をもらうことができるでしょう。だから，みなさんもいじめられている人を見つけたら，やさしく声をかけてあげてください。これは，だれにでもできることです。

3 保護者の方へのお願い

（1）お子さんがいじめられたとき

　子どもは，いじめられていることをなかなか大人に告白しないものです。お子さんは，いじめられていること自体を恥ずかしいと思ったり，お父さんやお母さんに心配をかけたくないと思いこんだりしてしまうからです。いじめを告白した子どもには，まずその勇気をほめ，じっくり耳を傾けてあげてください。いじめの報告を聞くときは，以下の点に留意してください。

1）ゆっくりと時間を取って話を聞いてください。
2）落ち着いて話を聞いてください。保護者の方が興奮してしまうと，お子さんは話をしにくくなります。
3）「いじめられても仕方がない」「いじめられる方も悪い」などということは絶対にありません。自分のお子さんに落ち度はないことをゆっくりと分からせてあげてください。
4）できれば，内容を書面にまとめて，すみやかに担任に報告してください。

　ご自分のお子さんがいじめられていることが分かったとき，保護者の方が感情的になってしまい，それが問題を解決から遠ざけることになることがあります。いじめの解決のためには，学校と保護者の方の協力が必要不可欠です。また，いじめた児童やその保護者の方に対する怒りをそのままぶつけるのではなく，いじめを解決し，これが繰り返されないようにするにはどうすればよいか，という視点から，前向きで冷静な対応をしてください。

（2）お子さんがいじめをしていることが分かったとき

　いじめは許されない行為です。これをそのままにしてはいけません。いじめがあることが分かった場合，それがいけないことだと理解して行いをあらためることは，お子さんの大事な成長の一歩です。どのようないじめをしたのか，隠すことなく，学校に報告してください。学校に報告する際，事実を隠したり，報告を遅らせたりせず，また，感情的にならないように報告してください。

（3）学校を通じた対応

　当事者間での直接の交渉は，どうしても感情的になるおそれがあります。そのため，原則として，当事者間で直接やり取りをするのではなく，学校を通じた対応が望ましいと考えております。ご理解とご協力をお願いします。

❹ 学校からのお約束ごと

日常的な対応

（1）毎月，児童からアンケートをとる等して，日常的にいじめを早期に発見し，いじめの実態を把握するように努めます。
（2）いじめを題材にした授業を取り入れ，児童が正しい理解をすることができるように努めます。必要に応じて，インターネットを通じたいじめに関する授業も行います。
（3）教職員に対しても，毎年いじめ防止のための研修を行います。
（4）その他，いじめに関する児童の自発的な取り組みを促し，学校全体でいじめを許さない雰囲気づくりに努めます。

いじめを知ったときの対応

いじめ防止対策推進法に従った対応を取ります。特に，以下の点を重視します。
（1）いじめの事実を知った場合，すみやかに教員間で情報共有をはかり，学校全体で対応をしながら，直ちにいじめを止めるための努力をします。
（2）いじめられた児童の気持ちに寄り添いながら，いじめられた児童の話を丁寧に聞きます。
（3）いじめた児童からも話を聞き，単にいじめた児童を罰することを目的とするのではなく，いじめをやめさせ，二度と繰り返さないために，その児童が自分の過ちに気付けるように指導します。

ご家庭との連携

（1）いじめの事実を知った場合，いじめられた児童及びいじめた児童の双方のご家庭に連絡します。
（2）いじめの事案に応じて，保護者の方を含めた会議を持ち，ご家庭とも連携して情報を共有するようにします。

みんなできめた，●年●組のきまりごと

●私たちは決していじめをしません！

●嫌がっている友だちをからかったりしません！

●もし，いじめられたら，
　家の人や先生方に相談します！

●いじめを見つけたら，先生方に相談します！

●いじめられている子にはやさしく話しかけます！

【出前授業のご案内】

　裁判員制度の導入など，近年では，社会全体として，司法への関心が高まってきています。2008年に改訂された新しい学習指導要領において，ルールや権利，司法制度など，法に関する記述が拡充されました。したがって，未来を担う子どもたちに法に関する基礎的な素養を育成することは，とても重要なことだと言えるでしょう。

　そこで第二東京弁護士会では，法教育に関する様々なプログラムをご用意しております。ここでは，出前授業についてご紹介いたします。

出前授業（デリバリー法律学習会）

　第二東京弁護士会の弁護士が，学校などに出向いて授業を行います。

　本書でご紹介した授業もその一つです。ご要望がありましたら，事前にお打合せの上，指導案に合った授業ができるよう，指導計画や教材などをアレンジすることも可能です。

- 日　時　　ご希望に応じて調整します。
  単純な講義形式の授業の場合は1か月前までに，教材や進行について事前のお打合せが必要な授業の場合は2か月前までにお申し込みください。
- 費　用　　原則，1クラス1回（45分～50分）あたり5,000円です。
  ※柔軟に対応できる場合もございますので，費用を理由に断念されないよう，まずはご相談ください。
  ※上記費用は小・中・高等学校の場合の費用です。
- お申し込み　ご希望のテーマを決めて，お申込みフォームより（右ページ，URLからも入手可能です）お申し込みください。テーマについては，お気軽にご相談ください。
  ご希望日に沿った実施の可否に関するご連絡には1週間程度お時間をいただいています。あらかじめ，ご了承ください。

詳細は　http://niben.jp/manabu/service/　　［二弁　出前　検索］

受付時間　10：00～17：00（土日祝日を除く）　　お問い合わせ　03-3581-2255

子どもの悩みごと相談

第二東京弁護士会では子どもに関するいじめ，子どもへのぎゃくたい，少年事件／非行，体罰／学校問題／家族の問題などの相談を無料で受け付けています。

電話相談「キッズひまわりホットライン（子どもの悩みごと相談）」

　相談日時：毎週火・木・金曜日　午後3時～午後7時（祝日は除きます）

　専用電話番号：03-3581-1885　相談料：無料

なやんでいること、こまっていること、なんでも相談してください。

たとえば……
- いじめられている
- 学校でいやなことがある
- おとなから、たたかれる、いじわるされる
- 家にかえりたくない、こわい、ごはんがない

毎週　火・木・金曜日（祝日を除く）　午後3時～7時まで
TEL. 03-3581-1885

第二東京弁護士会事務局企画課　FAX送信先：03－3581－2404

デリバリー法律学習会申込書

下記に必要事項をご記入の上，FAX（本紙のみ送信）にてお申し込みください。

20　年（　　年）　月　　日

申込者（団体名）	
所在地（連絡先）	〒　　－ TEL：　　　（　　） FAX：　　　（　　） E－mail（任意）：
連絡担当者名	
開催場所	
対象者	
参加人数	クラス　　　　　　　　　　名
紹介弁護士 ※紹介弁護士がいる場合のみご記入ください。	
謝礼金予算額	円　　交通費（含む・含まない）
開催希望日時	①　月　　日（　）　時　　分〜　時　　分 ②　月　　日（　）　時　　分〜　時　　分 ③　月　　日（　）　時　　分〜　時　　分
希望内容・テーマ	
注意事項	①当日写真を撮影し，当会の公式サイト，パンフレットおよび公式Twitterに講義の様子を掲載する可能性があります。 □同意する　□同意しない　※どちらにチェックをされても実施いたします。 ②講師が決定しましたら，書面でお知らせいたします。

＊この用紙をコピーしてご利用ください。

【編著】	第二東京弁護士会	【撮影協力】
	子どもの権利に関する委員会	江東区立東砂小学校
	法教育の普及・推進に関する委員会	【表紙・イラスト】
		クリエイティブセンター広研

【執筆者】（50音順）　青山　知史
　　　　　　　　　　安藤　裕通
　　　　　　　　　　忰田　美生
　　　　　　　　　　木島　彩
　　　　　　　　　　佐田　理恵
　　　　　　　　　　佐藤　省吾
　　　　　　　　　　髙木　良平
　　　　　　　　　　多田　猛
　　　　　　　　　　額田みさ子
　　　　　　　　　　平尾　潔
　　　　　　　　　　松岡　正高
　　　　　　　　　　森本　周子

小学生のための 弁護士によるいじめ予防授業

2017年8月10日　初版発行

編　者　第二東京弁護士会
　　　　子どもの権利に関する委員会
　　　　法教育の普及・推進に関する委員会

発行者　渡部　哲治
発行所　株式会社　清水書院
　　　　東京都千代田区飯田橋3－11－6　〒102-0072
　　　　電　話　03（5213）7151　代表
　　　　振替口座　0013－3－5283

印刷所　広研印刷株式会社　　　　　　　　　　定価は裏表紙に表示
製本所　広研印刷株式会社　　　　　　　　　　ISBN 978-4-389-50057-3

●落丁・乱丁本はお取り替えいたします。
本書の無断複写は著作権法上での例外を除き禁じられています。複写される場合は，そのつど事前に，（社）出版者著作権管理機構（電話03-3513-6969，FAX03-3513-6979，e-mail：info@jcopy.or.jp）の許諾を得てください。